| 建立有效的联结，才是真正的有效社交

建立有效的联结，才是真正的有效社交

1

你只能影响到你能联结的人

也许我们每天会收到上万条信息的轰炸。总有人试图引起我们的注意。

身边的每个人似乎都有要同我们沟通的事情。每天我们都会面对各种各样来自邮件、短信、广告宣传、电视、电影、收音机、推特、脸谱网、博客的消息，再加上那些报纸上、杂志上、书上的信息，我们的世界充斥着各种声音。那么哪些信息可以接收，哪些信息可以无视呢？

与此同时，我们也有想要让别人了解的信息。据我所知，大部分人平均每天要说大约一万六千字。如果转录这些字，每周就能变成一本足足三百页的书；一年结束时，就能拥有一书架的书了；而整整一生，你将会拥有一座图书馆。

但这些信息中有多少是重要、有影响力的呢？

说话很简单，关键在于，怎样才能让你的话语变得有分量呢？你怎样与他人进行有效的沟通呢？

什么是联结

我比以往任何时候都更加确信，良好的沟通和优秀的领导力都与联结有关。如果你无论在何种情况下都能与他人建立联结，那么你的人际关系、团队意识、团队影响力，以及工作效率都能有所提升。

那么，我所谓的"联结"是什么意思呢？

联结是一种能够与他人产生共鸣，并与之建立联系的能力，这种能力能够增强你对他人的影响力。

为什么这种能力很重要？

因为它是个人发挥潜力的主要决定性因素。要想取得成功，必须与他人同心协力。而实现与他人通力合作的最好方法，就在于建立联结。

如果你擅长联结，你的生活质量会有怎样的提高？你和邻居、朋友之间的相处又会变得多么轻松、愉快？

成为一名更优秀的联结者将会为你的事业带来怎样的影响呢？如果你与同事们建立了十分良好的联结关系，会是什么情形？

如果你能与上司建立更加良好的关系，你的工作会如何变化？

职场人晋升和专业升级的首要标准在于有效沟通的能力。

——《哈佛商业评论》

如果你能学会更好地建立联结，你的生活也会随之改变！

学会联结，才能让你事半功倍

如果你在生活中不能进行有效的沟通，就无法取得成功。

仅仅靠勤奋努力或是做好本职工作是不够的。要想成功，你需要学会真正地与人沟通。

你是否因为演讲没人理解而感到失望？你是否迫切希望老板能理解你对公司的苦心，好让你能升职加薪？如果你已为人父母，你是否希望孩子能理解你，这样你就能帮他们做出正确的选择？你是否想要与某位朋友增进友谊，或为你所在的社区带来积极影响？

但是如果你无法进行有效的沟通，你将无法激发自己的潜能，无法如愿以偿地取得成功，从而抱憾终生。

那么沟通的秘诀是什么？联结！如今的我拥有四十多年的婚姻生活，还是个成功的演说家。几十年来我领导各种组织机构，并促进全美各地和全球数十个国家的人们发展成长，我能够告诉你的是：想要有所成就，必须学会与他人建立联结。

想要领导他人，首先要学会联结

大家认识我，很可能是因为我关于领导力方面的写作和演讲。如果你想提高工作效率和影响力，那就要学会成为一个更好的领导者，因为领导力是一切兴衰成败的关键所在。

最杰出的领导者往往也是最优秀的联结者。

如果你有兴趣了解领导阶层中有关联结的个别案例，看看过去 30 年来美国总统的事迹足矣。这些总统的一举一动都被国内和世界各地的媒体记录下来，所以大多数人对此并不陌生。

专门研究总统生平的历史学家罗伯特·达莱克（Robert Dallek）表示，成功的总统们会展现出五种品质，这些品质促使他们完成其他人不能完成的事情，即：远见卓识、实用主义、建立共识、个人魅力、值得信赖。

正如领导力与沟通顾问约翰·巴尔多尼（John Baldoni）指出的，其中四个因素极其倚赖多层次沟通的能力。

像所有领导人一样，总统需要具备描绘目标的能力（远见卓识）、说服人们与自己携手共进的能力（建立共识）、建立良好的个人关系（个人魅力）、展示出真诚可信，即言出必行的态度（信任）。甚至实用主义也取决于沟通能力。因此，毋庸置疑，无论是对总统还是其他任何有影响力的人士来说，领导力很大程度上有赖于良好的沟通技巧。

而这些沟通技巧又取决于什么呢？联结！

请暂且放下你的政见和偏见，心平气和地回顾一下历任总统们的能力。请想一想，罗纳德·里根（Ronald Reagan）和吉米·卡特（Jimmy Carter）在竞选时，他们建立联结的技巧有何不同。1980 年 10 月 28 日，在二人最后一次的竞选辩论中，卡特表现得很冷淡。对于被问到的每一个问题，卡特一律以事实和数据回应。沃尔特·克朗凯特（Walter Cronkite）形容卡特"毫无幽默感"。丹·拉瑟（Dan Rather）认为卡特置身事外，并称其为斯多葛派。在卡特提出议案要求重新选举后，他反复陈述冰冷的事实，又试图让听众对他的工作负担产生同情。一次，他说道："我不得不独自判定我们国家的利益和复杂的情况，这是一项孤独的工作。"他从不关心他的听众们，也根本不在乎他们的担忧。

恰恰相反，里根则是积极地与听众们互动，甚至是与卡特互动。辩论开始前，里根走近卡特与他握手，这一举动似乎令卡特大吃一惊。辩论期间，在对手发言时，里根微笑着倾听；而轮到里根发言时，他的诉求直接关乎他的听众们。

尽管里根也引用了数据，并对卡特指出的一些事实表示质疑，但他并不准备当专家学者，他只是试着建立联结。许多人都记得他的闭幕致辞，他问道："你们是否比四年前过得更好呢？"他告诉他的听众们："是你们让这个国家变得伟大。"里根关注的焦点在于人民，这位了不起的沟通者与他的竞争对手之间，产生了巨大的反差。

而类似的对比在比尔·克林顿（Bill Clinton）及其继任者乔治·W.布什（George W. Bush）之间也可见一斑。作为总统，克林顿将沟通提升到了另一个层级。克林顿拥有与里根同样优秀的一对一交流能力和对着摄影机的发言能力。当他说出"我感受到了你的痛苦"时，全国大多数人都与他建立起了联结。除了拥有里根的联结技巧，克林顿还熟练地将这些技巧融入了采访和脱口秀中，此举对他赢得竞选来说至关重要。他似乎没有错过任何一个建立联结的机会。迄今为止，没有任何一名政治家在建立联结方面比他更出色。

然而，布什则看起来近乎完美地错过了每一个与人民建立联结的机会。他唯一一次与人民建立清晰的联结是 2001 年 9 月 11 日后在世贸大厦遗址发表演讲时。自此之后，布什试着与人交流时总显得笨嘴拙舌，容易碰钉子。他的联结失败导致了人民的疏远，也为他总统身份下的一切举动都抹上了几分暗色。

沟通专家伯特·德克尔（Bert Decker）每年都会发布一份报告，评选出年度最佳沟通者和最不擅长沟通的人。猜猜布什总统最后一届任期时，报告评选出最不擅长沟通的人是谁？没错，正是总统乔治·W.布什。2008年，在关于布什总统的文章中，德克这样写道："'9·11'事件发生不久之后，他又倒退回以前的演讲风格：招牌式的耸肩和傻笑，在句法和语法上纠缠不休。总统在面对卡特里娜飓风时的回应糟糕到了极点。这不是一名领导者应该有的沟通方式。在任期的最后一年，我们的总统毫无建树，所以，我们很遗憾地将他列为2008年最糟糕的沟通者。"

如果你关注政治，很有可能会对吉米·卡特、罗纳德·里根、比尔·克林顿和乔治·W.布什产生强烈的看法。

关于他们的性格特征、信仰理念、政策措施，无论是赞赏还是批评，你都可以畅所欲言，抒发己见。但他们作为领导者是否能发挥效力，却完全取决于自己是否能够建立联结。

无论你是试图教育孩子，还是领导国家，联结都至关重要。

如果我能重返大学校园，我将把重心放在两个方面：学习写作和公众演讲。这世上不存在什么比有效沟通更重要的能力了。
——杰拉尔德·福特（Gerald Ford）总统

仅仅拥有天赋是不够的。只拥有经验也是不够的。想要领导他人，你必须具备良好的沟通能力，而建立联结正是关键一环。

用联结提升生活的价值

当然，联结不仅对领导者很重要，对于那些想要提高效率，改善人际关系的人来说，亦是十分重要。我在博客上收到的很多评论，证实了这一点。

我曾收到过商界人士汤姆·马丁（Tom Martin）的评论，他表示，联结在他的工作中发挥着举足轻重的作用。汤姆这样评论道："联结是为了融入，而要想建立联结必须保持融洽的关系。我试图引导我们的销售人员认清角色的转变，即将销售线索转变为潜在顾客，潜在顾客转变为顾客，顾客转变为客户。而正是这些我们与之建立联结的客户，成了我们最大的支持者，帮助我们发展壮大我们的生意。"

我也收到许多教师和培训师的评论来稿。培训师兼顾问卡桑德拉·华盛顿（Cassandra Washington）告诉我："在课堂上，我会告诉大家，联结是关键。领导力与建立联结有关。为顾客服务和抚养孩子等等，都与联结有关。"将英语作为第二语言的教师琳赛·福西特（Lindsay Fawcett）写道，她每次去中国参加会议，在会议开始前总有一段联结时间以便人们相互了解，这段时间里会提供食物和饮料。这改变了她的看法。"我是那种从小到大能够把事情做得很好的人，但是我从未真正理解联结的含义。我终于学会与我的学生们建立联结，这使我成为一名更好的老师。"

刚搬进新社区的詹妮弗·威廉姆斯（Jennifer Williams）表示，她不遗余力地与新邻居见面，同他们交谈，了解他们的职业，熟悉他们孩子的名字甚至是宠物的名字。她的行动让人们开始聚集在一起。"哇，"一位邻居告诉她，"在你搬进来之前，我们很少说话，彼此不认识，也不会在晚上坐下来进行社交活动。你在这里待了不到两个月，而你认识了所有人！"珍妮弗表示，这是因为"人们想要被动地感受到联结，想要成为某事物的一部分或一员"。我赞同她的看法，同时意识到她是一名联结者。

当人们具备联结的能力时，他们能完成的事情则大有不同。你不必成为一位总统或有名的执行官才能通过联结为自己增加价值。

联结对于任何想要建立良好关系、取得成功的人来说都举足轻重。无论你是什么职业，选择了什么样的道路，只有当你学会与他人建立联结时，你才能发挥自己的潜能。否则，你就像一个与电网断开的核电站——拥有令人难以置信的资源和潜力，却永远无法利用。

如何学会建立有效的联结

我确信，几乎所有人都能学会与他人建立联结。为什么？因为我这样学习过。建立联结并非我的天赋。当我还是个孩子时，我想与我的父母建立联结，不仅是因为我爱他们，还因为我怀疑如果我能与母亲建立良好的关系，或许就能在我犯错的时候，保护我的屁股免受惩罚了。

我也了解到，幽默对于建立联结大有裨益。我记得有一次我和我的哥哥拉里（Larry）遇上了麻烦，而笑声拯救了我们。通常我们面临惩罚的时候，妈妈会拿着煎饼铲对着我们的屁股来一顿打。因为拉里是孩子中年纪最大的，通常也是第一个挨打。而这次，当妈妈刚刚打了他第一下，"砰"的一声，拉里身后突然冒出一股烟雾。发生什么了？原来拉里将一卷火药纸放进了裤子后袋里。妈妈尖叫起来，最后大家都笑了。最重要的是，那天我没有挨揍！连续三周，我都把火药纸放在我的裤子后袋里——这只是以防万一。

等我再长大一点，开始上学的时候，我意识到有些孩子是和老师们建立了联结的，小学一年级的时候，戴安娜·克拉布特里（Diana Crabtree）就属于其中之一。

二年级的时候是伊莱恩·莫斯利（Elaine Mosley），三年级的时候是杰夫·安克罗姆（Jeff Ankrom）。我看得出来，老师们喜欢这些孩子。我也希望我的老师能喜欢我，于是我开始思考，我的同学们到底做了什么我不曾做过的事呢？

初中时，也是这样。当时我正在参加篮球队的选拔比赛，我已经加入了代表队，但最后还是落选了，即使我比另外两位参赛的队员打得更好。我感觉到，有一堵无形的墙从一开始就阻止了我实现目标，我十分沮丧。我想知道为什么内夫（Neff）顾问更喜欢他们而不是我。我发现，那些学生在过去的一年间已经和顾问建立了联结，而我却没有。缺乏联结成了我的阻碍。

你是否也有类似的经历呢？也许你是某一工作领域技术最专业的人，可你始终没有得到晋升；或许你兢兢业业、任劳任怨，但其他人似乎对于你的努力视而不见；又或许你想要和身边的人建立联系，但他们对待你的态度似乎没有对待他人时那么认真专注；再或许你想要创造一支高效的团队，又或者仅仅是想成为一支优秀团队中的一员，却无奈地感觉自己如同局外人。问题在哪？关键在于联结。要想赢得他人认同，你需要具备建立联结的能力。

高中时，我终于开始学习建立联结。那时我开始与后来成为我妻子的玛格丽特（Margaret）约会。她当时十分讨人喜欢，除了我之外还有三位年轻人爱慕她。说老实话，她当时不太看好我。每当我试图给她留下深刻印象，对她表示赞扬时，都会引起她的怀疑。她说："你凭什么这么说？我甚至都不认识你！"

我是如何在这场角逐中坚持到最后的呢？我决定先和她妈妈建立联结。只要玛格丽特的妈妈站在我这边，我就能争取到一点时间来赢得玛格丽特的心。

每当我做了蠢事（我必须承认，我常干蠢事），玛格丽特的母亲就会为我辩护。久而久之，我也赢得了玛格丽特的信任，几年后，我顺利地牵着她的手迈进了婚姻的殿堂。

当我进入大学时，我深刻地认识到与人建立联结的重要性。我知道联结决定着成功或失败。我所见到的人中，比起那些不与人建立联结的，与他人建立联结的人有着更加良好的人际关系，更少经历冲突，能完成更多事情。你是否听说过某人过着"有魔力的生活"？这类人往往学会了如何建立联结。

当你与他人建立联结时，首先要对自己进行定位，
然后才能充分发挥自己的技巧和才能。

如果你没能建立联结，就不得不花费大量的时间和精力来达到一个普通的平均水准。

过去的我曾站在一个落后于起点的位置。我曾在大学时期和职业生涯的早期野心勃勃，但无法建立联结却成了我成功道路上的阻碍。

有效的联结从改变自己开始

有一段时间，我觉得自己好像在认识到不足与渴望改变之间进退维谷。我所需要的是，知道什么是我能改进的，什么是我不能改进的，我需要了解这二者之间的差距。仅仅认识到不足是不够的。如果我无法改变和改善我生活中这个至关重要的领域，那就意味着成功永远是遥不可及的。我想要一直与人联结，而不是偶尔与人联系，总是若即若离、忽远忽近的关系。

那段时间，我常常对自己的情况进行反思总结，如下是我发现的成果。

我想要改变却不知如何改变

我知道自己并没有去与人建立联结，但我不清楚为什么自己这样令人失望，也不清楚如何弥补缺憾。我希望我的社交圈中有人能帮帮我，但是我能够寻求帮助的那些人也并没有与他人建立联结。那段期间唯一的进步就是，我开始思考如何解决这个问题。

我的模仿能力远远超过我的联结能力

当你沮丧或是失败的时候，你会怎么做呢？大多数人要么崩溃，要么应对，要么改变。幸运的是，我有着不错的成长环境，有着正面的自我形象和积极的人生态度。所以，我能够去面对不幸的事。不过可惜，面对并不意味着改善。本质上来说，面对是静态的，是一种持续性的防御，它只是一种反应。仅仅是面对不会帮助人们完成任何事，面对仅能让人维持一种不好不坏的状态，而我所希望的是改变。

要想有效沟通，领导他人，你必须掌握主动权，你必须积极主动。除了面对之外，你需要做更多事情。我意识到了这一点。如果我想要继续前行，领导他人，成功地运行一个组织，我就需要做得更多而不仅仅是面对。我需要建立联结。

我想要跨越差距，而不仅仅是知道差距

生活中有些时刻你会发现，有些事情是无法完成的。这时，你得决定究竟是接受这样的现状还是为之而战，改变现状。我决定为之而战。为什么？因为我想改变他人的生活，而我知道如果我不学习如何与他人建立联结，我的能力会被永远限制。我不甘心就这样放任不足，浑浑噩噩。我想要做点什么改变这些不足。

我需要的不仅仅是改变的勇气，我需要的是建立联结的技巧

老实说，对于像我这样天生具有前瞻性的领导者而言，默默祈祷感觉有点被动。我想要的不仅仅是有勇气去了解和接受我能改变和不能改变之间的区别。我需要勇气、能量和技能来做出坚持到底的改变。我想成为一名能够对他人的生活带来积极影响的联结者，我想要学会随时联结任何人的技能。

有效的联结对你，有益无害

不管你的目标是什么，建立联结对你来说都有助益。

而如果你无法建立联结，你会为此付出代价。

当然，学习与人建立联结、有效沟通还有其他益处，比如我的朋友曾告诉过我一个关于乔治·罗德里格斯（George Rodriguez）的幽默故事。罗德里格斯是一名来自墨西哥的银行抢劫犯，1900年左右他常常在得克萨斯州边境干抢劫的勾当。罗德里格斯的"业务"相当成功，以至于得州游骑兵部队特地组建了一

支特种部队试图抓到他。

一天下午晚些时候，其中一个游骑兵看到罗德里格斯正偷偷越过边境，溜回墨西哥，这名游骑兵小心翼翼地跟在罗德里格斯身后，跟他保持着一段距离。游骑兵目睹这名歹徒回到了家乡，和广场上的人厮混在一起。

罗德里格斯正要走进他最喜欢的电影院放松一下，骑兵跟着溜了进去，他掏出了枪先发制人。

这位正义之士举着枪直指抢劫犯的脑袋，说道："乔治·罗德里格斯，我知道你是谁。我来取回你从得克萨斯州银行抢来的所有钱。把钱交出来，不然我一枪崩了你的脑袋。"

罗德里格斯看见了这个人的徽章，也嗅出了他的敌意。但问题是，他不会说英语，于是他开始快速地说西班牙语。但是这名游骑兵却不知道他说了些什么，因为他不懂西班牙语。

就在这时，一个小男孩走过来用英语说："我可以帮忙。我会说英语和西班牙语，你需要我做你的翻译吗？"游骑兵点了点头。男孩迅速用西班牙语复述了游骑兵的话。

罗德里格斯紧张地回答道："告诉得克萨斯游骑兵，我没有花一分钱。你到镇上去，朝着北方数五块石头，那儿有一块松散的石头。扒开石头，钱就藏在后面。麻烦他快一点。"

男孩转头看着游骑兵："长官，乔治·罗德里格斯非常勇敢，他说他准备好受死了。"

好吧，这个故事非常有趣但不太真实，但它说明了一点，对于我们大多数人而言，与他人建立联结并非生死攸关的大事，但很多时候却是决定成败的关键。我认为，随着我们的成长，我们愈发意识到联结的重要性。联结是互联网上社交活动的基本。人们渴望和他人建立联结，大多数人为了这种联结的感觉会做任何事。

一切从了解人的价值开始

与人建立联结的能力始于了解人的价值。

《从优秀到卓越》（*Good to Great*）一书的作者吉姆·柯林斯（Jim Collins）认为："那些创建了伟大公司的人认为，公司发展的最终瓶颈不是市场、技术、竞争或产品。关键在于要有能力得到并留住足够多的人才。"你可以通过与这些人建立联结来实现。

美国西南航空公司前董事长兼首席执行官赫布·凯莱赫（Herb Kelleher）就是这么做的。2008 年 5 月 21 日，我在西南航空公司飞行员协会看到了《今日美国》的广告，广告是一张图，图上有一张带有航空公司路线的餐巾纸，配文是：谢谢你，赫布！

从鸡尾酒餐巾到驾驶舱，赫布·凯莱赫（Herb Kelleher）为西南航空成为航空公司历史上最具活力的公司铺平了道路。

当他从西南航空的董事会退休时，西南航空的全体飞行员都希望向他致以谢意。感谢他 38 年一直积极竭诚为公司和公司的飞行员提供服务，这是一种殊荣。

赫布·凯莱赫所做的正是所有效率极高的人都会做的事情——他建立了联结。他让人们知道他关心他们，不仅仅是局限于西南航空内部，很显然不管他在哪里，人们都能感受到这种关心。报纸和杂志出版商阿尔·盖特勒（Al Getler）参加了旧金山的一次会议，凯莱赫是午宴的指定发言人。阿尔和一些朋友坐在一间空荡荡的舞厅桌子前，凯莱赫进来时，他们已经坐了足足一个小时。

"赫布，"阿尔叫道，"快过来和我们一起！"出乎阿尔意料的是，赫布真的过来了。赫布和大家开起了玩笑，了解他们的名字，和他们聊起了他在西南航空的经历。阿尔告诉赫布，他的妹妹刚刚第一次乘坐了西南航空的飞机。赫布开玩笑地说，阿尔应该告诉妹妹以后别再乘坐除西南航空以外其他航空公司的飞机。

"那由你告诉她吧，"阿尔反过来对赫布喊道。当阿尔拨通了手机上妹妹的电话时，赫布高兴地接过了手机，在她的语音信箱里留了言。这群人全都炸开了锅。

"赫布·凯莱赫完全可以从我们身边走过去校音，在演讲开始前好好地享受一餐美味，"阿尔说道，"但他停了下来，花时间和我们中的每一个人建立联结。"

Telemetrics 咨询公司的杰伊·霍尔（Jay Hall）研究了16,000名高管的行为表现，发现了成就与关心他人、与他人联结的能力之间的直接关系。以下是研究结果：

高成就者	一般成就者	低成就者
既关心员工也关心利益	专注于产出	一门心思关心自己的安全问题
积极地看待下属	更多地关注自己的地位	缺乏对下属的基本信任
向职位更低的人征求意见	不愿意向职位低于自己的人寻求建议	根本不寻求建议
善于倾听所有人的发言	只听上司的话	完全避免沟通交流，依赖原则手册

显然，如果你想增加与人合作方面的优势，你需要学习建立联结！

建立联结的实用技能

如果你已经开始与他人建立联结，学着做得更好吧。如果你之前不曾试过，你将震惊于联结为你的生活带来的改变。

三重唱组合的成员凯茜·韦尔奇（Cathy Welch）写信告诉我她曾经访问养老院的一次经历。

为了架起我们自己的设备，我得找到养老院中的某人，允许我们移动餐桌，我站在最近的护士站，静静地等待别人来询问。

在我等待的时候，我注意到一位坐在轮椅上的女士背对着我，她的头几乎蜷缩在膝盖上。她一动不动地坐着，右臂放在护士站的柜台上，似乎完全沉浸在自己的世界里。

我们去那儿正是为了给养老院的老人们加油打气，照料服侍他们的，于是我饶有兴趣地走近了这位女士，俯下身子，询问她是怎么回事。我本以为她不会回答。当女士把头转向我的时候，我屏住了呼吸，她将头抬高几英寸[①]，脸上带着喜悦，说道："我很好！我叫阿比盖尔（Abigail），我过去是一名教师。"

我唯一能想象的是她花了很长时间，等着有人能注意到她。无论是在何地，何种情况下，人终究渴望沟通，不是吗？

是的，无论什么时候，你会发现人们总是渴望与他人建立联结。

如果你像我年轻时那样，建立联结总是不太顺利，你可以通过不同的联结选择来克服这些困难。通过学习在不同情况下和各种

---

① 1英寸＝2.54厘米。

各样的人建立联结，你的效率将会得到提高。

我可以帮助你。因为我学会了与他人建立联结，也帮助过许许多多其他人建立联结。首先你需要学习与他人建立联结的原则：

· 关注他人
· 除了使用语言，进一步拓展你建立联结的方式
· 为建立联结养精蓄锐
· 洞悉优秀的联结者建立联结的方法

接下来我将帮助你获得建立联结的实际技能：

· 找到共同点
· 简化交流形式
· 吸引人们的兴趣
· 鼓励他们
· 态度真诚

这些技能是所有人都可以学会的。

我相信，我们扮演的所有角色，我们完成的所有事情，都是与他人互动的结果。如果你也这样认为，那么你就会明白，与他人建立联结的能力是一个人所能习得的最重要技能之一。你可以从今天开始，学习提升这项能力。这本书将会对你有所帮助。

从各个层面与他人建立联结

贯穿本书的一个重点在于，从三个层面与他人建立联结——一对一的、与团体的、与听众的。在本书每一章节的结尾，都有一

些问题和任务，帮助你将书中以上三个层面的每一章节的观点切实应用于现实生活。

联结的作用：联结能全方位地增强你的影响力。

关键概念：团体越小，联结越重要。

一对一联结

一对一联结比与团体或者与听众建立联结更重要。为什么？因为 80%-90% 的联结都属于一对一层面，而你与你最重要的人建立联结时往往都是一对一的。

你与朋友们、家人们、同事们、合作伙伴们的联结关系如何？要想增加自己在一对一联结中的影响力，你应该：

· 多谈论对方，少谈论自己。在会议或社交聚会之前，你可以准备两三个问题。

· 带上一些有价值的东西，比如有用的引语、故事、书、CD①，在聚会时带给某人，就此交流。

· 在对话快要结束的时候，询问他们自己是否能帮上他们的忙，然后好好把握机会。比起口头语言，公仆精神具有更令人瞩目的影响力。

在团体中建立联结

要想与团体建立联结，你必须主动与团体中的人进行联结。而要想成功联结，请完成以下事情：

· 找到方法来赞美团体成员的想法和行为。

———————————

① 激光唱盘。

· 找到方法来为团体成员正在做的事情增加价值。

· 当团体成功的时候，不要居功；而当团体失败时，也不要推卸责任。

· 找到帮助团体共同庆祝成功的方法。

与听众联结

学习与听众建立联结的最好方法就是观察最擅长沟通的人是如何做的。见贤思齐，采用他们的成功方法，同时代入自己的风格。下面也有四种帮助你同听众们建立联结的方法：

· 让你们的听众知道，同他们在一起时你是十分激动的。

· 表现出你渴望增加他们的价值。

· 让他们明白他们或是他们的组织是如何增加你的价值的。

· 告诉他们，和他们待在一起是自己一天中的头等大事。

— *2* —

有效的联结始于心中有他人

你是否经历过这样的时刻：你心情激动地想要与某位重要的人分享自己的经历，却意外地毁掉了这次谈话？这正是几年前发生在我身上的事情。

在南美洲商务旅行期间，我有幸参观了马丘比丘，这是古印加人的山顶住宅，被公认为世界七大奇迹之一。带领我的导游十分有趣，风景也十分优美，旅行体验从头至尾都令人非常满意。于是我回家的时候，决定下次要带我的妻子玛格丽特再去一次。

不久之后，我们挑了一个日子，邀请我们的亲密好友特里·斯特劳贝尔（Terry Stauber）和雪莉·斯特劳贝尔（Shirley Stauber）一同踏上旅途。为了增加这趟旅行的特别感，我们在库斯科预订了一家由16世纪的修道院改建而成的高级酒店，也预订了东方快车经营的豪华列车车票。我希望尽可能地让这次千载难逢的旅行变得更加特别。

过度的自我关注，创造索然无味的旅程

怀着巨大的期待，我们和斯特劳贝尔夫妇，以及我们在秘鲁生活了 20 年的朋友罗伯特（Robert）、卡琳·巴里杰（Karyn Barriger），一起登上了火车。这两位朋友去过马丘比丘很多次了，但是他们答应同我们一起，充当我们这趟旅行非正式的主持人和导游。火车在乡村之间穿梭，行驶了三个半小时，窗外绵延不绝的美丽景色让我们恍若置身于《国家地理》的特辑之中。火车上的服务十分周到，食物也特别可口，和朋友们的谈话深入而暖心。

我们在中午时分到了站，搭乘公交车前往这座古老的城市。我们和另外六个人以及我们的导游卡洛斯（Carlos）一起上了车。当我们到达山顶的时候，我试图与卡洛斯建立联结。我发现，如果我们了解导游，同时他或她也了解我们的话，我们往往会有更好的旅行体验。我试着和卡洛斯谈话，询问他的背景和他的家人，试图了解他，但他始终没有真正对我的谈话上心。他的回答漂亮但简短。我喜欢他，却很快发现他不是真心对我，或是对我们这群人中的任何一个感兴趣，实际上他根本没有准备同我们建立联结。

马丘比丘的确是地球上令人叹为观止的一处景观。郁郁葱葱的绿色森林与蔚蓝的天空相映成趣，伸出手仿佛就能触及附近山峰的顶端。古城边缘卧躺的巨大峡谷中，河水流淌，这番景色着实摄人心魄。

刚一下车，历史的厚重气息就扑面而来。我们试图让自己沉浸于这样的氛围之中，但卡洛斯很快就把我们聚集起来，开始了他的演讲。似乎对于他来说，他想要对我们说的话远比我们重要。

接下来的四个小时，我们发现自己信息负荷过载了，卡洛斯用一堆事实数据、日期细节对我们进行了一番狂轰滥炸。之前旅行时我拥有过的，以及我希望同我的妻子和朋友们分享的壮阔经历，完全被卡洛斯和他火力密集却无聊的诱导式信息无情摧毁了。我们提出任何问题都是在为卡洛斯徒增不便。我们中有人想要照一张照片来记录下珍贵的回忆，但是卡洛斯迅速将我们拉回了他的演讲。显而易见，卡洛斯没有为我们——他的听众们，增加任何价值。

时间一分一秒地流逝，我们这群人愈发失去了兴致。终于，我们开始感觉到，我们妨碍了卡洛斯和他的行程安排。不久之后，我发现我们的团员已经一个接一个慢慢走开了。无论是他们的身体还是他们的情绪，都在远离卡洛斯。

到了下午，整个旅游团已经四分五裂，卡洛斯这时正在对着稀薄的空气发言。我站在远处，惊奇地看着卡洛斯自说自话地发表演讲，在没有团员的情况下继续带团旅行。只有到点了，汽车准备离开的时候，人们才从四面八方聚回他的身边。

谁才是谈话的中心

一名好的导游能够吸引游客。在阅读了我写的关于卡洛斯的故事之后，花艺设计师伊莎贝尔·阿尔珀特（Isabelle Alpert）写道，在一次夏威夷之旅中，一位热情而有爱心的导游接待了他们的旅游团，让每个人都宾至如归，感觉融入了小岛。"我会永远珍惜这趟旅行，因为它已然成为我的一部分。"伊莎贝尔表示，"尽管我的初衷只是期望能观赏这处我不熟悉的秘境的景色，我真的非常渴望融入当地的风光。"

卡洛斯犯了与那些未曾建立联结的人同样的错误：他们自以

为是对话的中心。许多人在评论中告诉了我，他们是如何在自己的业务中犯下这样的错误的。巴布·吉利奥（Barb Giglio）讲述了她销售产品时的经历。她说："我在推销的过程中说话又多又快。我以为顾客是母女，结果她们却是姐妹！我羞辱了顾客，也羞辱了自己。"健身教练兼生涯顾问盖尔·麦肯齐（Gail McKenzie）说："我经常替客户做主决定下一步做什么。我的工作并不成功，我想，如果我经营的是自己的生意，那么情况定然不同。但现在我想我知道原因了。我一直没有真正地建立联结，我就是那位有着自己日程的导游。哎哟！"

这种程度的自以为是，在各个层级的业务之中，在生活的各个方面，都在上演着。乔尔·多布斯（Joel Dobbs）给我讲了一位新任首席执行官（CEO）的故事，他把自己关在行政套房的巨大办公室里，将自己同员工们隔离开来，因为他从来没有尝试做出任何努力来与任何人建立联结，所以最终未能带领公司成功度过危机。乔尔说：

这位 CEO 日程表上很少会出现到另一栋楼参加会议的日程，即使有这样日程，他也不会穿过美丽的园区，步行到仅仅几百码①之遥的另一栋楼去参加会议（上帝保佑，如果他真的这么做了，是能够遇到一名真正的员工的）；恰恰相反，他会乘自己的私人电梯到私人车库，由司机开车将他送到另一栋大楼里。在这栋大楼里，保安会把他带进空无一人、一直等着他的电梯里，接着电梯就会把他送到会议室所在的楼层……由于他缺乏和公司员工之间的联结，没能带领公司度过危机，于是董事会把他替换了下来。

———————————

① 1码 = 0.9144米。

新的 CEO 十分擅长沟通和联结。他首先采取的一项行动就是重新调整配套执行设施。他告诉我们中的一群人，前 CEO 的办公室除了非常大之外，窗户也离公司园区非常远。新的 CEO 换了一个小的办公室，窗户正对着他的员工们。他与公司的员工建立了联结，公司的经营也渐渐有了起色。

这当然不仅仅是商业中的一种现象。我知道不少拥有这种专注自我思维模式的教师们、演讲者们，他们的每场谈话都与自己有关。每次交流都是他们展示才华、分享经验的大好时机。我有一位叫作埃尔默·汤斯（Elmer Towns）的好友，他是自由大学（Liberty University）的教授兼院长，他曾告诉我，以自我为中心的教师们似乎有着共同的哲学：把知识一股脑儿灌进去吧，学生们的脑袋是空心的。使劲把知识塞进去吧，还有好多需要记忆的内容。

由于未能建立联结，这些人在生活中会错过极好的机会。优秀的老师、杰出的领导者、出色的演讲者从来不会自恃专家，也不会认为自己的听众是被动的，自己非得令听众们留下深刻印象。他们也不会认为自己的兴趣是最重要的。相反，他们视自己为引导者，专注于授人以渔。正是因为这些优秀的人重视他人，他们会在教授他人或是努力帮助他人的过程中，同他们建立联结。音乐老师皮特·克罗斯塔格（Pete Krostag）说："我与同学们联结，是为了帮他们与听众建立联结。我注意到，作为音乐家，无论什么时候，当我们愿意放下自我，与音乐建立联结，听众往往就会同我们一起享受音乐的体验。当音乐家专注于自己而不关注音乐时，音乐体验可能不复存在，因为听众无法与音乐家共享此刻的体验。"

我承认我刚开始担任牧师时，我并不明白这一点。我十分关注自我，而这是有害的。当我为那些遇到困难的人提供咨询时，我的态度是，快点告诉我你的问题，这样我可以为你提出解决方案。当我牵头任何倡议的时候，我一直不停地问自己："怎样才能让别人买我的账，帮我一起实现我的梦想呢？"在我与听众们交流的过程中，我只是在关注自我，而不是关心他们。我为积极的反馈而活，我的目标一直是给人留下深刻的印象。我甚至戴起眼镜，好让自己显得更有智慧。现在想起来，我都尴尬得发抖。

我在自己身上付出了很多努力，但我仍然没有成功。我过于专注自我，这是我大部分问题和失败的根源所在。

我觉得郁郁寡欢，壮志难酬。我不停地问自己诸如此类的问题："为什么人们不听我的呢？为什么人们不帮助我呢？为什么人们不尊崇我的意见呢？"请注意，我的这些问题都集中在我身上，因为我关注的焦点是我自己。当我打电话采取行动的时候，往往始于我对其他人产生了兴趣。我，我，我！因为我热衷于自己的想法，所以很难成功地与他人建立联结。

发现自己"自以为是"的清醒时刻

那时候，发生了一件事，彻底改变了我的态度。在我二十九岁那年，父亲邀请我和我的姐夫史蒂文·思罗克莫顿（Steve Throckmorton）参加在俄亥俄州代顿举行的成功研讨会（Success Seminar）。长大后，我听过一些成功的布道者的宣讲，有些人的陈词慷慨激昂，有些人则是修辞大师。但在这次研讨会上，我发现有一位演讲者懂得如何与他人建立联结。我坐在那里如痴如醉。

当时，我想的是：这是一个懂得如何成功的人。我喜欢他。除此之外——他真正地了解我。他知道我的信仰。他理解我此刻的想法。他明白我的感受。他能够帮助我。我会十分乐意做他的朋友。我觉得他已经就是我的朋友。

那位演讲者是齐格勒（Ziglar）。他同听众们建立联结的方式完全改变了我对沟通的看法。他分享了故事，逗得我开心欢笑，引得我潜然泪下，使得我相信自己。他在研讨会上分享了一些洞见和建议，这些是我可以运用到自己身上的。那一天，他说了一些改变我人生的话："如果你愿意先帮助人们去实现他们所想的，他们也将帮助你实现你的所想。"最后，我终于明白自己在与他人交流互动的过程中缺少了什么。

我发现自己是多么自私和自以为是。

在本应该尝试着与他人建立联结来促进我们关系的过程中，我只是在指出他人的错误。

那次研讨会结束后，我做出了两个决定：首先，我会向优秀的沟通者学习，这也是我自此以后切实践行的决定之一；其次，我会多多关注他人及其需求而不是自己，尝试与他人建立联结。

学会关注他人的需求

联结从来都与我们自己无关，联结与我们当前的交流对象有关。如果你想要与他人建立联结，你必须战胜自己。你必须将焦点自内向外转移，从自己身上转移到他人身上。最棒的事情在于，你可以做到这一点。任何人都可以做到。需要做的事情只是愿意转移自己的焦点，下定决心努力，坚持到底就能获得一些技能。

但为什么这么多人都没有成功呢？我想其中应该有许多原因，我可以告诉你们为什么我之前没有成功，为什么我会认为与他人交流和与他人合作都完全以我为中心。

不成熟的自我

当我开始以专业的方式领导他人、与他人交流时，我还比较年轻，不太成熟。那时我二十出头，没有看到大局，我看到的只有我自己，其他人和其他的一切都是背景。

《像爵士那样忧郁》（*Blue Like Jazz*）的作者唐纳德·米勒（Donald Miller）是这样比喻这种不成熟的——把生活当作一部电影，你就是明星——这正是对我的形容。大多数我所追求的目标，我所完成的任务都与我自己的渴望、进步、成功有关。现在回想起来，我都对当时自己的自私态度感到惊叹。

成熟是一种眼中有他人，维护他人的能力。

不成熟的人不会从别人的角度看问题。他们很少关心什么才是对他人有利的。在很多方面，他们的行为如同小孩子。

我和玛格丽特有五个孙子。能与他们共度时光，我十分开心。但是他们像所有小孩子一样，不会费时费心考虑他们能为别人做点什么。他们从来不会说："爷爷奶奶，我们想要花一整天的时间来照顾你们，让你们开心！"我们也从未期待他们会这样做。我们把重心放在他们身上。

我们意识到，做父母的部分过程在于帮助孩子们明白，他们并不是宇宙的中心。

我很喜欢最近读过的一本书，叫作《幼儿眼中的物权法》，由迈克尔·V.埃尔南德斯（Michael V. Hernandez）写作。如果你有孩子，或者说你最近和小孩子待过一段时间，你会发现这本书说得很有道理：

· 如果我喜欢它，那它就是我的。

· 如果它在我手里，那它就是我的。

· 如果我能从你手中把它拿走，那它就是我的。

· 如果我之前拥有过它一小会儿，那它就是我的。

· 如果它是我的，无论如何它都不属于你。

· 如果我正在做什么或是建造什么，那么所有相关的碎片都是我的。

· 如果它看起来像是我的，那它就是我的。

· 如果我先看到它，那它就是我的。

· 如果我认为它是我的，那它就是我的。

· 如果我能看到它，那它就是我的。

· 如果我想要它，那它就是我的。

· 如果我需要它，那它就是我的（是的，我知道"想要"和"需要"之间的区别）。

· 如果我说它是我的，那它就是我的。

· 如果你不阻止我摆弄它，那它就是我的。

· 如果你告诉我我可以摆弄它，那它就是我的。

· 如果你把它从我身边拿走会给我造成太大困扰，那它就是我的。

· 如果我（认为）能够比你更好地摆弄它，那它就是我的。

· 如果我摆弄它足够久，那它就是我的。

· 如果你正在摆弄其他东西，而把它放下，那它就是我的。

·如果它坏了，那它就是你的（不，等一下，所有的碎片都是我的）。

随着人们年龄的增长，我们总是希望他们以自我为中心的态度能够有所转变，希望他们专注自我的思维模式也能有所改变。

我们希望人们能够成熟起来。但年龄增长并不一定能使你成熟，有些时候也可能是空长年龄。

我们大多数人在内心深处都渴望感受到自己的重要性。但我们需要战胜我们自私的本性，相信我，这有可能是场终身战役，但这是一场重要的战役。为什么？因为只有关注他人的成熟的人，才能够真正地与人建立联结。

警惕高估自我

对于公共职业的人来说，养成强烈的自我意识是一件危险的事情。领导者、演讲者、教师都有可能过分高估自己的重要性。我的朋友卡尔文·米勒（Calvin Miller）在其某部著作中通过一封信来描述这个问题及其对他人带来的负面影响。信中这样写道：

亲爱的演讲者：

你的自我在你我之间竖起了一道高墙。你并非真的在意我，不是吗？你最关心的是这次的演讲是不是真的有效果，自己是不是把工作完成得不错。你担心我不会为你鼓掌，担心我不会为你的感情逸事哭泣或欢笑，你关心我怎样才能接受演讲的内容，以至于根本无心顾虑我的感受。我可能之前还是喜欢你的，但是你是这般自恋，以至于我的喜欢对你来说实在是多余。如果我没有给予你太多的关注，那是因为我觉得自己没什么必要待在演讲现场。

我看着拿着麦克风的你，仿佛看到了镜子前的纳喀索斯①……

你的领带是否笔挺？你的头发是否整齐？你的举止是否无可挑剔？你的用词是否完美无瑕？

除了你的听众，你似乎掌控一切。你看到的一切都很好，除了我们。你对我们视若无睹，而我们恐怕也会对你充耳不闻。我们现在必须离开了。抱歉。下次再邀请我们来吧。当你能真正看见我们的时候……当你的梦想跌落的时候……当你的心灵破碎的时候……当你的傲慢夹杂着绝望的时候……到那时，我们大家才会在你的世界里占据一席之地，而你也不会在乎我们是否赞美你的才华，你会成为我们中的一员。

你会拆除那堵自我的高墙，用那些石头建立起一座温暖的关系之桥，我们将会在那座桥上相遇，彼时我们将会倾听你。当所有演讲者学会理解时，他们也会得到令人欣慰的理解。

——你的听众们

第一次读到卡尔文·米勒的信时，我对信中描述的我大学毕业时状态的准确程度感到震惊。我太自大了。我以为我弄懂了一切，但事实却是一窍不通。我上过口语课，但我在大学完成的学位课程仅仅教会我如何列出一个合格的大纲。我学习的课程根本没有训练我如何同听众建立联结。教授鼓励我们把精力放在学业上，我们被要求将目光集中到房间后墙的某一点上，我的发言局促而机械。更糟糕的是，每

---

① 古希腊神话美少年。美少年纳喀索斯有一天在水中发现了自己的影子，然而却不知那就是他本人，爱慕不已、难以自拔，终于有一天他赴水求欢溺水死亡，死后化为水仙花。

次我都对我的谈话对象不太感兴趣，讲完话后我会希望得到赞美。没人能和这样的态度联结起来。

提醒自己，重视他人

今天，我认为我的目的是为他人增加价值。增加他人的价值已经成为我生活的焦点，每个了解我的人都明白这一点于我而言是多么重要。

要想为他人增加价值，一个人必须首先重视他人。

在我职业生涯的前几年，我并没有这么做。由于我过于专注自己的安排，我常常忽视了许多人。如果他们对于我的事业并不重要，那么他们就不能占用我的时间，无法得到我的注意。

我觉得自己这种错误的态度是十分普遍的。一位护士告诉我一个极其贴切的故事，故事说明了这一点。她这样讲道：

我在护理学校的第二年，教授对我们进行了一次测验。我一气呵成，轻松解决了测试题，直到我读到最后一道题："打扫护理学校的那位女士叫什么名字？"显然这就是个玩笑。我同这位女清洁工只有几面之缘，我怎么会知道她的名字呢？我交了试卷，空出了最后一道题没写。快下课的时候，一位学生询问最后一道题是否会计入我们的成绩之中。"当然会，"教授答道，"在你们的职业生涯中，你们会遇到很多人。这些人都很重要。他们都值得你的注意与关心，哪怕只是对他们微笑一下，或是打声招呼。"我一直没有忘记那堂课。也知道了她的名字是多萝西（Dorothy）。

要想在人生中取得成功，你必须学会和他人合作，与他们建立良好的关系。一个埋头苦干的人不一定能取得多么辉煌的成就。约翰·克雷格（John Craig）指出："无论你能完成多少工作，无论你的性格多么具有吸引力，如果你不能与他人良好合作，你很难在事业中取得进步。"

而做到这一点，需要清楚其他人身上所具备的价值。

当我们学会将注意力由自己转移到他人身上时，整个世界都会向你敞开大门。世界各地的各行各业的成功人士都明白这一真理。在一次国际高管会议上，一位美国商人询问一位日本高管，在他看来究竟哪一门语言在世界贸易中发挥着最为重要的作用呢？这位美国人本以为答案会是英语。但是，这位对业务有更全面理解的日本高管却微笑着回答说："我的客户的语言。"

不管你从事着什么类型的业务，仅仅拥有优质的产品是不够的，成为你的产品或服务的推销专家也是不够的。了解自己的产品却不了解自己的客户也就意味着，你有物可卖却无人来买。并且，你为其他人增加的价值必须是真实的。正如布里奇特·海蒙德（Bridget Haymond）所说："你可以费尽口舌，但如果你真的关心他人，人们会凭直觉感受到的。"

给自己安全感

人们容易过分关注自己而不是他人的最后一个原因在于不安全感。不得不承认，在我职业生涯初期，这也是我的问题之一。我成长于一个积极有爱，充满鼓励的环境之中，因此并不缺乏自信。但许多人不见得如此。

马来西亚理科大学医学院讲师周经生（Chew Keng Sheng）认为，不成熟和以自我为中心的根本原因是缺乏安全感，公共演讲者尤其如此。"我还记得我第一次被要求发言的时候,"周经生写道,"我整个人都在颤抖。当演讲者缺乏安全感时,他会寻求听众的认可,而越是想寻求听众的认同,就越是专注自我,越是想要给他人留下深刻的印象。而结果很有可能适得其反,这位演讲者表现得并不好。"恶性循环可能因此形成。尤其是当一个人没有得到他想要的认可,或是不认同他所得到的认可时,情况会更糟糕。

培养服务精神

几年前,我在迪拜的一次国际会议上发表了讲话,会议是由纳比·萨利赫(Nabi Saleh)创立的公司主办。纳比是咖啡和茶方面的专家,他的职业生涯始于 1974 年,那时他在巴布亚新几内亚的茶叶和咖啡种植园工作,负责市场营销和生产工作。纳比从那时起一直活跃在这个行业,澳大利亚是他的主要经营场所。1995 年,他拜访了美国一家名为高乐雅(Gloria Jean's)的连锁咖啡店,纳比和他的合伙人彼得·欧文(Peter Irvine)对这家咖啡店有着极高的评价,因此,这家咖啡店毫无悬念地拿下了在澳大利亚开连锁店的权限。1996 年,高乐雅在悉尼开了两家连锁咖啡店,但生意艰难。

他们向客户寻求答案,于是很快弄清楚了问题的关键。纳比说:"我们的咖啡店完全参照美国的经营模式,这跟澳大利亚的情况大相径庭。澳大利亚人很喜欢喝咖啡,他们喜欢我们的咖啡,但是他们总会问:'椅子在哪呢?食物在哪呢?'美式咖啡店的经营模式在于打包外带。我们清楚,如果继续这样下去,很快就没法同高乐雅继续合作了,所以我们开始重新调整模式。"

他们花了将近两年的时间对咖啡店进行调整、升级、装修,直到他们能与客户建立起联结。

从那时起，纳比和彼得开始加盟连锁经营。十年后，他们开设了 300 多家连锁店。2005 年，他们购买了高乐雅咖啡的国际经营权，将业务拓展到澳大利亚和美国境外。目前为止，高乐雅咖啡店遍布全球 15 个国家，拥有 470 家连锁店。

尽管纳比已经取得了商业成功，他做任何事都是高瞻远瞩。当我们一起参加会议时，纳比告诉我：

我们从事的并非咖啡行业，并非为人提供服务；我们从事的是人的行业，提供的是咖啡。

纳比为服务行业的人们提供了这样的建议："你必须得拥有服务精神。你必须做好准备，满足你所接触到的人的需求。任何时候都要看看客户究竟想要什么。不是因为我想要什么，也不是因为彼得想要什么，而是那些付给我们美元的人促使我们始终尽心竭力。"换言之，你必须记住，这个行业完全与他人有关。这也是成功所需要的。

真正关心他人的人才会问的三个问题

人与人建立联结的最大难题在于你必须把注意力放在别人身上，而仅仅有这样的态度仍是不够的，你还必须是无私的。你是怎样做的？我相信无论是在与客户、消费者、客人，还是与听众、成员、朋友、同事、雇员交流互动的过程中，你都可以通过回答人们常常问自己的三个问题，来传达自己无私的态度。

你关心我吗？

请想一想生活中与他人相处时最棒的经历。请务必暂停一会儿，试着想出 3-4 段这样的经历。这些经历有什么共同之处吗？我敢打赌，这些经历中出现的人是真的关心你！

相互的关心建立起人与人之间的联结。

你是否只想与某些朋友和家人共度时光？

这样的渴望来自你同他们建立的联结关系。最了不起的是，你可以通过关心自己社交圈以外的人来拓展自己的能力。如果你能学会如何关心他人，那么你就能够与他们建立联结，从而帮到他们，你会为自己和他人的生活锦上添花——无论你从事什么职业。请看一看来自不同背景的成功人士的箴言：

如果你私底下觉得某人只是无名之辈，那么你就无法让他感到自己对你有多重要。

——莱斯·吉布林（Les Giblin）

前全国年度销售员兼当红演说家

如果你想赢得一位事业伙伴，请首先让他相信，你是他真诚的朋友。

——亚伯拉罕·林肯（Abrabam Lincoln）

美国第十六任总统

有些歌手希望听众们能喜爱他们，我则喜爱听众们。

——鲁契亚诺·帕瓦罗蒂（Luciano Pavarotti）

意大利传奇歌剧男高音

我完成了一次演讲，因为我喜爱人们并想帮助他们。

——诺曼·文森特·皮尔（Norman Vincent Peale）

牧师兼作家

根据动物训练师劳拉·苏洛威克（Laura Surovik）的说法，通过关爱他人与他人建立联结的方法，超越了职业——甚至超越了物种。劳拉是佛罗里达州奥兰多海洋世界的助理策展人，她的工作与虎鲸相关。她在评论中这样写道：

我成为驯兽师已然24年，这些年来，我一直在同"夏慕"（Shamu）建立联结（注：夏慕是45年前圣迭戈海洋世界第一头虎鲸的名字，该名字迅速在海洋世界的游客中广泛流传，海洋世界于是决定所有表演的虎鲸都叫作"夏慕"，这里的夏慕其实代指所有表演的虎鲸），同时也在教别人与夏慕们建立联结。虎鲸也是我最好的老师。当你仔细观察它们的眼睛，你会发现它们对你漠不关心——当然不可能关心。但当它们明白你是真心相待时，你们之间的联结就会建立起来——虎鲸完全是通过充满爱与关心的关系来树立信任的。要想与海洋的顶级捕食者建立联结并打好关系，你必须真诚而值得信任。

对于人类来说亦是如此。

大多数人有着强烈的与他人建立联结的渴望，但同时，他们的心神常常被自己的烦恼和需求所占据。正如卡尔文·米勒所说，大多数人听别人说话时，他们却在默默想着自己的事：

我在孤独地等待朋友。

我在哭泣，缺少欢笑。

我在叹息，寻求安慰。

我有一道等待疗愈的伤口。

如果你想引起我的注意，只有让我相信，你想成为我的朋友。

当你让其他人明白，你是真心关心他们时，也就开启了联结、沟通、互动之门，开始建立起一段关系。从那一刻起，你具备了创造互利互惠成果的潜力，因为好的关系通常带来好的结果：多样的想法、共同的成长、伙伴关系等等。当人们彼此关心时，生活会变得更加美好。

你可以帮助我吗？

一天晚上，汤姆·阿灵顿（Tom Arington）和我一起共进晚餐，我询问了关于他生意成功的经验。汤姆是独立制药公司普拉斯科的创始人兼首席执行官。

他告诉我，他的成功归功于不管何种情况下，他一直问自己一个问题："我能帮助你吗？"在帮助他人的同时，他其实也升华了自己。"只要人们有心做得更好，我就会尽我所能帮助他们。"汤姆说道，"我发现，当我帮助别人提升到更高水平时，他们也促使我的水平得到了提升。"

销售行业中有句老话：

没人想被推销，但每个人都想得到帮助。

能够与他人成功联结的人士始终记住一点：人们总是在问自己"这个人可以帮助我吗？"我们要竭尽所能地为他人提供帮助。杰瑞·韦斯曼（Jerry Weissman）在他的作品《口才制胜：

讲故事的艺术》（*Presenting to Win: The Art of Telling Your Story*）中指出，人们在交流的过程中，他们过分关注产品或服务的特点，却没有把注意力放在回答"你能帮助我吗？"这个问题上。

韦斯曼表示，专注于提供服务和帮助而不是产品的性能才是制胜关键。他写道：

> 性能是指你或你的公司销售的产品的实际情况或质量，也可指你所提倡的观点；而服务是指这样的实际情况或质量会为你的客户带来怎样的益处。当你想要寻求认同时，仅仅展示你所销售的产品的性能是远远不够的，每种性能必须最终转化为服务。虽然某些性能不一定能满足客户的兴趣和需求，但是其带来的服务一定始终是关乎他们的兴趣和需求的。

在当今时代，人们每天都会受到各种产品介绍的信息轰炸。大家往往对其不予理睬。如果你想引起某人的注意，请向他说明你可以帮助他。

我能够信任你吗？

你是否买过车呢？如果买过，你觉得买车的体验如何？对很多人来说，他们的买车体验十分糟糕，因为他们并不信任那些试图卖车给他们的人。不少行业存在的意义似乎都是为了让客户失去信任，产生怀疑。

信任对于任何业务都是至关重要的。事实上，它对生命本身也是至关重要的。

信任比爱更重要!

——作家兼演说家杰弗瑞·吉托默（Jeffrey Gitomer）

如果你曾经买过车，无论是否意识到，当你走进汽车展厅看着销售人员时，你其实已经在内心询问本章中的三个关键问题：

· 你关心我吗？
· 你能帮助我吗？
· 我能信任你吗？

很有可能在购买体验不佳的情况下，你无法对这三个问题都做出肯定回答，甚至有可能连一个肯定回答都没有。实际结果是你并没有和相关人员建立联结。

当然，也不一定每个人都是这样的情况。埃姆兰·布霍贾瓦（Emran Bhojawala）向我讲述了一名华盛顿特区汽车销售员劳埃德（Lloyd）的经历。埃姆兰学生时代时曾从这位销售员那里购得一辆汽车，因为这位销售员乐于助人，为人可靠，值得信赖，以至于埃姆兰在搬去明尼苏达之后再一次从他那里购买了一辆车。"当我想买车时，"埃姆兰解释说，"我无须担心任何事情。我只要告诉他我的预算，然后飞到弗吉尼亚去开回一辆我从没见过的车就够了。"接着，埃姆兰会开 23 个小时的车返家。"他在我学校附近的地区销售汽车时就是一个传奇。"埃姆兰在评论中写道，"他不打广告，所有的生意都来自回头客和口碑推荐。我认为这是与人成功建立联结的完美范例。"或者正如迈克·奥蒂斯（Mike Otis）所说，"有需要，生意才做得起来，但有升值空间，生意才做得下去。"

真正的出发点在于从别人的角度出发

无论什么时候，人们采取行动永远是出于他们自己的理由，无关你我。这也是为什么我们得适应他们的日程安排，努力从他们的角度出发看问题。

如果你没有这么做，那无疑是在浪费自己和他人的时间。

几年前，我花了几天时间和我的经纪人西利·耶茨（Sealy Yates）以及我团队的几位主要成员一起访问了几家在纽约的全国顶级图书出版商。我们的目标是签订一份新书合同。在同出版商会面之前，我们花了很多时间来讨论一些我们认为对方的高管会重点关注的问题。

西利向我们简要介绍了该行业的情况，让我们了解了各个出版社的状况。我的一位员工从我们公司的角度审查了一些他认为重要的关键点，并向我们每个人提出问题，要求我们寻找答案。我们希望能为会面做好完全的准备。

我们第一次见面的前一天晚上，我独自在酒店房间待了一会儿，为第二天做好心理准备。我不断问自己的问题是：如果我是与作者约谈的出版商，我想知道什么？如果我是他们，我会问约翰·C. 马克斯维尔些什么问题呢？我相信如果我能回答这些问题，那么我就能与他们建立联结并签下一份不错的合同。

我有了不少想法，但我的脑海中反复浮现的一个问题是：接下来你还想写多少本书？我敢肯定这就是关键所在，所以接下来的两个小时里我一直在思考这个问题的答案。我把接下来几年想写的书列了一个清单。清单越列越长，我越发期待明天的到来，越发感到激动。我们第二天早上和第一家出版商会面的时候，谈论了几分钟我们将要签订的合同之后，一位高管如我所料，这样说道："约翰，你已经写作了 30 本书。接下来你还想写多少本呢？"

我十分热情地向他们分享了确定想写的十本书的构思和书名。我觉得房间里的人可能感到有些惊讶，我竟然能这么快地作答，对于这个话题的兴趣竟然如此浓厚。而当我兴高采烈地分享了这些书名之后，他们也热情高涨。所有人都开始做笔记、问问题。而我可以从他们的反应之中判定，他们对哪个构思最感兴趣。我们已经建立了联结！我所做的只是花些时间，试着从出版商的角度出发，思考对他们而言可能重要的问题。

如果你愿意放下自己的日程安排，去想一想他人，试着理解他们是怎样的人，他们需要什么，那么你是能够和他人建立联结的。如果你是真心想要帮助他人，那么联结会变得更加自然，成为你的一部分。如果你真心诚意想要建立联结，你一定会惊异于一扇扇随之向你敞开的大门，惊艳于一群你能够比肩的合作伙伴。你所要做的就是不断提醒自己，联结完全与他人有关。

从各个层面与他人建立联结

联结的原则：联结与他人相关。

关键概念：只有当人们感到被重视的时候，联结的关系才能开始建立起来。

一对一联结

如何才能与他人建立一对一联结？让他们感到被重视。你是怎样做的？

· 当你和他人待在一起的时候，了解他们重视的事物，耐心倾听他们的心声。

· 询问他们问题，弄清楚为什么他们会重视这些事物。

· 与他们分享类似的你所珍视的事物。

· 在这些共同珍视的事物的基础上，建立关系。这样，你们彼此的价值都能得到增加。

在团体中建立联结

让他人在团体中感觉受到重视的关键在于，邀请他们参与其中。房间里最聪明的人的智慧一定不如房间里所有人集中起来的智慧。投入时间和精力能够创造协同效应，得到众人的回应、建立联系。

在群组或团体中与人们建立联结，你应该：

· 发现并区别团体中每一个人的长处。

· 承认每一个人长处和潜在贡献的价值所在。

· 邀请成员们投入时间和精力，提供空间，让他们在各自擅长的领域担任领头羊。

与听众联结

一些演讲者之所以无法与听众建立联结，是因为他们给听众留下的印象让人觉得相比于听众，这些演讲者更加注重的是他们自己的形象和演讲的内容。这样的印象会在演讲者和听众之间竖起一堵墙。但是，如果你完成如下事情，便能够向听众们表明，他们对你而言具有重要意义：

· 尽快向听众们表达感激之情，同时也为有幸来到这样的场合表示感谢。

·如果可以的话，尽可能为听众们做一些特别的事，比如为他们准备一些独一无二的演讲内容，并告知他们。

·将每位听众的潜力视为第 10 等级，期待他们为此积极努力。

·当演讲结束的时候，请让听众们知道，你十分享受为他们服务的过程。

3

重视语言外的"表达"

观看真人秀节目时，有两位才华横溢的选手竞唱同一首歌，一位歌手让听众浑身起了鸡皮疙瘩，另一位则完全没有打动听众。为什么会这样？

两位大学教授同时按照相同的教学大纲的规定，使用相同的教科书，在同一时间上同一门课程。在一位教授的课堂上，同学们排队等候进入课堂，而另一位教授的课堂刚开课便没有满员，之后学生数量不断减少到只有几名。这是为什么？

两位经理共同经营同一家餐厅，全部的 20 名员工定期为两位经理工作。当第一位经理需要员工们加一会儿班，帮一帮他时，员工们欣然同意，而当下一周轮到另一位经理对员工们做出同样的要求时，员工们纷纷找借口，拒绝留下来帮忙。为什么会产生这种差别呢？

两对父母在同一个家庭按照同样的要求共同抚养一个孩子。一对父母收获的是孩子欢欣的顺从，另一对父母却遭到了孩子的抗拒。为什么？

难道两位歌手的演唱不应该引发同样的听觉效果吗？同一门

课程不应该对学生们有同样的吸引力吗？员工们不应该对两位经理的期望做出同样的回应吗？同一个家庭中的父母不应该激发孩子同样的反应吗？

可能你的直觉会告诉你答案："不。"但为什么？

因为人们对他人的反应不仅仅是基于对方使用的语言，同时也基于他们与对方共同经历的联结体验。

别让交流止步于语言层面

在人们试图与他人交流的过程中，许多人认为最重要的是交流的内容。但其实交流超越了语言层面。加州大学洛杉矶分校心理学名誉教授阿尔伯特·梅拉比安（Albert Mehrabian）的一项重要研究发现，我们可以将面对面交流拆分成三个组成部分：语言、语调、肢体语言。但令人诧异的是，在某些语言信息和非语言信息不一致的情况下，我们展示在他人眼中的行为和我们的语调，远比我们尝试表达的内容更重要。当我们在表达情感和态度时：

· 我们所说的内容只有 7% 是可信的。

· 我们表达的方式占到 38%。

· 人们所看到的内容占据 55%。

通常情况下，我们给人留下的印象 90% 与我们实际想要表达的内容无关。

因此，如果认为沟通只与语言有关，那么你完全是在浪费机会，在同他人建立联结方面你会一直觉得吃力。

尽管统计数据可以反映某些情况下语言交流的局限性，但这些数据对我们学会更顺畅地与他人交流并无帮助。那么解决之道是什么？多年来，霍华德·亨德里克斯（Howard Hendricks）一直对我进行着远程指导，他告诉我，所有的交流情况都由三个关键要素构成：理性要素、情感要素、意志要素。

换言之，当我们尝试交流时，必须考虑以下要素：

思考：我们知道的某些内容

情绪：我们感知到的某些内容

行动：我们做的某些行为

我相信，这三个要素对于与他人建立联结有着同等重要的作用。如果我们没有考虑到其中任何一个要素，就有可能导致与他人联结关系的破裂，或是交流失败。具体来说，我认为以下情况可能会导致交流破裂：

· 某些我知道但我无法感受体会的内容，那么我的交流是毫无感情的。

· 某些我知道但是我没有付诸实践的内容，那么我的交流是在纸上谈兵。

· 某些我能感受体会但我并不知道的内容，那么我的交流是缺乏依据的。

· 某些我能够感受但我没有践行的内容，那么我的交流是虚伪矫饰的。

· 某些我做了但我其实并不清楚的内容，那么我的交流是自以为是的。

· 某些我做了但是无法感同的内容，那么我的交流是机械麻木的。

如果我作为演讲者，在演讲的过程中缺失了任何一个要素，那么演讲就会是令人精疲力竭的。但是，如果我能将这三个要素都考虑进去，那么我的演讲就会成为有说服力、充满激情、值得信赖的，最终的结果是与听众顺利建立起联结。我相信，如果你同时考虑这三个要素，就会取得良好的结果。

有效联结的特征

任何你试图传达的信息必须包含你自己的部分体验。

你不能只是传递信息，也不能只做一名信使。

你想要传达的信息必须包含你自己的一部分体验。否则，你得不到别人的信任，也无法建立联结。

你是否曾经传达过别人的想法？挺难的，对吧？展示他人的想法，总是很难令人兴奋起来。

但是，不管你在什么机构任职，如果你不是最高领导者，传递他人的想法可能正是你需要做的。那么怎样才能赢得他人的信任呢？——把他人的想法变成你的憧憬。

我是指首先你必须找出这一憧憬对你而言的积极意义。你必须同这一憧憬建立个人层面的联结。一旦你与之建立了联结，那么你所能做的将不仅仅局限于传递信息，你将具备鼓舞人心的能力。

你无法使其他人体验任何你不曾亲身经历的事情。

这种主人翁意识不仅对于领导者和演讲者来说是不可或缺的，对于作家们亦是如此。

一本书要想能够与读者建立联结，那么它必须拥有一本书之外的意义。这本书必须包含作者的一部分。否则这本书就缺乏真实性和可信度。也许这本书承载了丰富的信息，但如果作者没有同读者建立联结，那么这本书读起来也可能依然平淡乏味。

作为一名作家，这也是我一直尝试去做的事情：将我自己的经历体验融入我的书中。任何我没有在生活中亲身尝试的经验，或任何不是我亲身实践获得的经验，我都没有记到书中，我一直是这么坚持的，比如：

· 《开发你内在的领导力》（*Developing the Leader Within You*）一书是具有说服力的，因为我将自己培养成了一位领导者。

· 在《转败为胜》（*Failing Forward*）一书中，我分享了自己过去常常用来克服失败的方法，这些方法是由我亲身证明的。

· 在我写作《与人共赢》（*Winning with People*）一书时，希望其影响力足以媲美另一本书带给青年的我的深刻影响，这本书正是戴尔·卡耐基（Dale Carnegie）的《人性的弱点》（*How to Win Friends and Influence People*）。

· 《换换思路》（*Thinking for a Change*）一书则是向大家分享我的日常思维模式。我的妻子玛格丽特说，这本书比我其他的任何一本都遗传了更多我的基因。

· 《领导力21法则：追随这些法则，人们就会追随你》（*The 21 Irrefutable Laws of Leadership: Follow Them and People*

Will Follow You）里介绍了行之有效的领导力法则，这些法则曾服务了全世界四百多万人。

我努力让自己每本书的价值超越书本身，让它们不仅仅是纸张，不仅仅是墨水，也不仅仅是将要在市场上销售的电子文件。每本书都是我呕心沥血的精诚之作。我相信每本书的意义，也真诚地希望这些书对每一位读者有所裨益。

尽管信息的真实性和真诚性十分重要，但仅仅满足这两点当然是不够的。你所传递的信息也必须不仅仅是信息，它必须是有价值的，必须履行对听众们的承诺，必须具备改变他人生活的潜力。这也是我每次写书和准备演讲时力求的目标。

每年，我会多次在不同公司和机构进行演讲。通常在正式演讲之前，我会要求和相应机构的相关人员进行通话，这样我就可以了解主办方的期望，以及听众们的背景信息。我的目标从来都不是发表一次演讲，我希望能为他人增加价值。而要想得到为他人增加价值的机会，我的演讲内容和行动必须超乎公司原本的期望、使命、目标。我经常花时间来修改调整我的演讲内容，这样才能满足对方的需求。

演讲过后，我也会花时间来判断是否与听众们建立了联结，是否对公司的主办方带来了帮助。我是通过核对自己的"联结清单"来判断的，清单中包含以下问题：

· 诚信——我是否尽我所能？

· 期望——我是否令主办方满意？

· 关联——我是否理解我的听众们，并同他们建立了联结？

· 价值——我为他人增加了价值吗？

- 适用——我向人们提供了策略吗?
- 改变——我是否带来了改变?

如果我能诚实地对这些问题做出肯定回答,那么我很确信自己与听众建立了良好的联结,我能够为他们给予我的时间带来回报。

如果此刻你正在进行专业演讲,你可能需要列出一个类似的清单,以确保自己在竭尽全力建立联结。不过,即使公共演讲并非你工作的一部分,我仍可为你提供一些适用原则。当你肩负起与他人建立联结的责任,并决定为他人服务而不是服务于自己时,你同他人建立联结的可能性会大大增加。态度往往比语言更有力。

不可忽视的视觉、理性、情感和听觉

如果想要顺利与他人建立联结,你需要确保自己不仅仅只有语言层次的交流方式。怎样才能做到这一点呢?通过四个方面建立联结:视觉层面、理性层面、情感层面、口头层面。

人们看到什么——视觉层面的联结

索尼娅·哈姆林(Sonya Hamlin)《怎么说别人才会听你的》(*How to Talk So People Listen*)一书中表示,从视觉和听觉方面来看,视觉在沟通过程中具有更重要、更强大的意义。她写道:"作为人类,我们能记住85%-90%看到的内容,而只能记住少于15%听到的内容。这也就意味着,如果你希望我能学会或是记住什么,就必须在说话的同时,把你的想法展示给我看……现在你需要利用视觉联结的能力继续维持听众们的兴趣,将他们的兴趣提升至新的理解水平。"通过以下证据，索尼娅试图说明今天的人们比过去更加注重视觉化：

- 77%的美国人从电视上获取大约90%的新闻信息。
- 47%的美国人从电视上获得所有的新闻信息。
- 美国的主要公司都有自己的电视工作室。
- 视频会议和网络会议正在取代面对面的销售会议。
- 数字视频记录系统越来越广泛地运用于家庭和办公室中。
- 19岁以下少年儿童观看电视的累计时长达大约二万二千小时，是上学时间的两倍多。

我们生活在一个视觉时代。人们会花大量时间在YouTube、Vimeo、PowerPoint、视频游戏、电影和其他媒体上。就本国、本民族的文化来看，你一定能明白可见事物的重要性。人们期盼任何形式的沟通都能够可视化。

无论是在舞台上、董事会的会议室里、球场上，还是在咖啡桌上——无论什么时候你同他人面对面交流时，你给他人留下的视觉印象既可能对你有所帮助，也可能对你形成阻碍。创作《你即你所传递的信息》（*You Are the Message*）一书的电台监制、沟通顾问兼作家罗杰·艾尔斯（Roger Ailes）在《成功》杂志上这样写道：

你有七秒的时间留下良好的第一印象。一旦你开始说话，就在散发口头的和非口头的信号，这些信号会决定他人对你的印象。在生意场上，这关键的七秒钟足以决定你能否俘获新的主顾，能否在剑拔弩张的场面中谈判成功。

你有自信吗？是否从容不迫？是否真诚？在这里开心吗？在这开场的七秒钟里，你的行为会带给你的听众们大量微妙的"暗示"。无论你自己是否意识到了，人们总是对对方的面部表情、手势、姿势、精气神迅速做出判断，也会对对方的语调、音高做出反应。无论是一位听众还是上百位听众，他们都会凭直觉来判断你的动机和态度。

人们可以在七秒的时间里掌握大量信息。这些信息起着决定性作用——它能让听众拒绝演讲者传递的任何信息，也可以令他们对演讲者巨大的吸引力而感到震惊。正如提倡废奴制的牧师亨利·沃德·比彻（Henry Ward Beecher）所言："有些人看起来便容光焕发、和蔼可亲、善良友好，行为举止令人如沐春风，走进房间时仿佛自带光环。和他们待在一起，你会本能地感觉自在愉悦，下意识觉得这样的人会对你有所裨益。"

如果你希望提高与他人建立视觉层面联结的能力，请务必接受以下衷心的建议：

消除令人分心的个人因素。建立视觉联结的首要因素在于增加人们对应该关注事物的重视程度，降低令人分心的可能性，这一点是不言而喻的。如果你准备充分，穿着得体，这就是建立视觉联结的良好开端。不计其数的人之所以失去销售机会、毁掉工作面试、约会遭拒，正是因为他们的外表与他人的期望不符。

改正其他令人分心的个人习惯或倾向也是明智之举。请询问你的家人朋友，自己平时在同他们交流的过程中所展现出来的哪些行为习惯会引起他们的注意，致使他们的关注重点从你表达的内容上被转移分散。不管你进行何种形式的公众演讲，最好的方法就是通过视频录像来捕捉自己的行为表现。牧师约翰·洛夫（John Love）在我的博客上评论道："当我看了自己的视频录像后，我才知道自己犯了多少非语言的错误。回头看自己的视频录像带如今成了我的固定习惯，这样不仅便于我决定哪些内容是需要表达的，也便于我决定自己表达的方式。视频录像是不会说谎的。"

丰富你的表情。一名伟大的演员能够在一言不发的情况下，仅仅通过运用自己的面部表情，来讲述整个故事。而无论是有意识还是无意识的，我们也会通过面部表情来传递出一些信息。即使是那些扑克脸和用力避免露出丝毫笑意、不让他人知道自己心思的冷漠脸也在向他人传递着一种信息——疏离。

这样一来，与他人建立联结近乎天方夜谭。

不过，如果你想让你的脸蛋为自己"说上几句好话"，你不妨传递出一些积极的信息。

当我和我的妻子看见我们的外孙时，总会想方设法地向他们表示自己见到他们时的欢欣愉悦。当孩子们来到我们家时，我们会停下手中的一切工作，让他们知道，能陪伴他们我们有多开心，而我们传递这种愉悦之情的方式不仅仅是语言，也包括笑容、拥抱和亲吻。

每一次我们同他们待在一起的时候，我们都希望他们能感觉到自己被爱着、被接纳，让他们觉得自己是特别的。

如果你在向一名听众传达信息，面部表情则变得愈发重要。一般而言，听众人数越多，你的面部表情就越需要夸张。

当然，技术会影响大量受众听演讲的方式。我初次在听众面前演讲的经历依然历历在目，当时我的事迹被制作成了一部影片，我的形象出现在了一个巨大的屏幕上，那是在加利福尼亚州奥兰治县的水晶大教堂。大屏幕在离我几码 [①] 远的地方。当发现听众们正

---

① 1 码 = 0.9144 米。

盯着屏幕看，而不是关注我本人的时候，我有些不安。但接着我讲了一个笑话，并做了一个相应的表情，随即听众们笑了起来，我则松了一口气。即使人们是看着屏幕而不是看着我，我也同样是在同他们建立联结。

不论你是谁，试图与谁交流，都可以通过微笑和增强表现力来提高自己建立联结的能力。即使你的工作环境较为严苛，或是企业文化较为沉闷，你也无须终日保持一副冷峻的面容。我年轻的时候就意识到了这一点。三年级的一天早上，我看着镜子中的自己想着，我并不是一位大帅哥。我该拿这样一张脸怎么办呢？接着我笑了，想着，笑容有用。

怀着目的意识前进。上大学的时候，我想在当地的杂货店找一份工作。我大学的朋友史蒂文·本纳（Steve Benner）也有此意，于是我们一同前去应征工作。我们在杂货店的前厅遇见了经理，他让我们跟着他走到杂货店后面去，在那里填写了申请表。填完之后，经理告诉我们，第二天他会通知我们他的录用决定。史蒂文得到了这份工作。

几周之后，我找到了这位经理，询问他为什么没有选择我。我想知道我是不是在申请表上填了一些对我不利的内容。"跟申请表无关，"他答道，"我之所以选择史蒂文，是因为他走到杂货店后面时脚步轻快，比你更有活力。"

我对这段经历一直难以忘怀。这难道不足以证明：我们对他人的看法基于他人的举止姿态吗？一位是目光的焦点而另一位则遭到忽视，一位得到尊重而另一位没有。我听说劫匪和扒手会根据肢体语言选择受害者：如果一个人脚步轻快，自信而警觉，罪犯们往往会放弃这个目标，将目标转移到另一个看起来缺乏自信和警惕性的人身上。

如果一个人渴望交流，其行动则传递着明确的信息。每当我站在舞台上时，我总是会不断地意识到这一点。我会迅速而自信地登上演讲舞台，希望人们知道我渴望演讲的心情。我知道，离听众更近有助于产生一种亲切感；我知道，如果我每隔几分钟走动一次，人们就会感受到我的活力，更有可能与我保持联结。

保持开放的姿态。对于尝试沟通的人来说，身体的阻碍对于建立联结往往是最致命的。我花了几年的时间才总结出这样的结论，利用这一结论，我的交流更加高效了。当我初次演讲时，我站在演讲台后面没有移动。演讲最后，我觉得自己同听众之间有一种距离感。而当我开始在舞台上四处走动，走到听众们可以看见我的地方，我和他们之间的联结感随之大大增强。

从身体距离的层面增强与听众的联结对我大有裨益，心理层面的开放亦是如此。确切来说，我是在同我的朋友帕特里克·埃格斯（Patrick Eggers）一起打壁球伤了后背之后，意外得知了这一点。因为这次受伤，我在床上躺了三天，即将在宾夕法尼亚州哈里斯堡进行的演讲也受到了影响。能够让我履行这次演讲义务的唯一方法就是带上我的妻子，让她协助我穿衣、做演讲准备，并要求主办方为我提供一张可以坐下的高脚凳。

这样才使得我遵守了诺言，同时我也有了一个惊人的发现。有了这张高脚凳后，即使我的背还受着伤，我却拥有了比平时更多的活力，更加放松了，与听众们的联结也更加紧密了。经过分析这一情况，我逐渐意识到，当我坐着的时候，我在交流的过程中变得更加健谈。这有助于我建立联结，使我交流的效果大大提升。

自此，我意识到，在尝试交流的过程中，我的心灵和身体需要同时保持开放的姿态。我在办公室的时候，我不会站在桌子后面同别人讲话。我们会坐在两张中间没有阻隔的舒服的椅子上面对面交流。如果需要工作，我们会并排坐在一张桌子旁。

每当你移除障碍物，缩短距离时，建立联结就会变得更加轻松。而身体接触则会完全消除距离感。握手、拍拍背、拥抱都能很大程度上促进联结。歌手兼词曲作者休·达菲尔德（Sue Duffield）告诉了我一个关于他父亲的故事，这个故事说明了接触的力量及其如何帮助人们建立联结：

我永远无法忘记我父亲的双手。父亲是一名兢兢业业的蓝领工人，每天的工作都十分伤手，但他的双手始终干干净净，指甲修剪得整整齐齐，皮肤呈棕褐色，完美无瑕。（一天）因为一次意外，我躺在了医院急救室的担架上，满身淤青，伤痕累累，我的17岁的身体已经完全成了一具残破的躯壳。这时，我感觉到父亲的手轻抚我的肩膀。不用转头我就立刻知道是谁了。我感受到了父亲的力量和触觉。熟悉的鼓励声响起，他告诉我："没关系"。那一刻，联结感油然而生。

请竭尽所能清除你与想要建立联结的人之间的障碍，拉近你们之间的距离。只要时机合适，请运用触摸来同你关心的人进行交流。

注意周围的环境。 无论何时，环境都在交流的过程中发挥着重要作用。你是否尝试过与一位更加关心电视节目的人建立联结？你是否尝试过在较为嘈杂的区域，诸如建筑区和音乐会现场与人进行对话？不利的环境对于建立联结会造成不利的影响，甚至可能完全切断联结的可能性。

如果你想建立联结，一定不能忽视环境要素。即使你即将演讲的环境是非常专业的，也不要掉以轻心。这也是为什么我在每次被邀请进行演讲时，总是要提前查看演讲场地。我希望能确保演讲礼堂的布置不会阻碍我与听众们建立联结。

我的女婿史蒂文·米勒（Steve Miller）经常协助我演讲，他通常比我早到演讲场地，他能通过经验判断我与人们建立联结需要哪些条件。他会首先检查演讲区和听众们的距离，这对我来说十分重要。如果我与听众们距离太远，就仿佛隔着一条鸿沟，是很难建立联结的，我想这一道理适用于许多演讲者。如果你还记得杰伊·莱诺（Jay Leno）成为《杰伊·莱诺今夜秀》的主持人时的情景，你或许能回忆起他接管这档节目不久之后做出的改变。

当主持人还是约翰尼·卡森时（Johnny Carson），他会从幕后走出发表他的开场白，这样的出场很符合他的风格，因为他有些冷漠疏离。但疏离却不是大多数演讲者的典型风格。莱诺在接管这档脱口秀节目的前几个月并不轻松。为什么？因为这个舞台和他的交流风格并不契合。但是，经过重新设计之后的舞台布景对他的主持起到了促进作用。幕帘被撤掉了，新的舞台距离听众们十分近，莱诺可以在那里开始自己的开场白。实际情况是，在莱诺主持期间，每当介绍到他的时候，莱诺会在讲笑话之前同第一排的听众们握手。环境改变引起的变化是翻天覆地的。

史蒂文会检查的第二件事是灯光。我希望人们能看到舞台上的我，因为我是一位视觉演讲者。我希望能为听众们提供充足的灯光照明，原因有两点：我常常会放出自己的演讲大纲，我希望听众们在听的过程中能做一做笔记，同时我也希望在演讲的时候能看见听众们。我所掌握的联结技巧大多注重听众的反应。如果能清楚地观察到听众们的表情，我就能意识到自己需要做些什么来进一步加强他们的反应。

史蒂文检查的第三件事是音响设备。音响效果太差几乎会完全阻断交流。让我感到惊讶的是，一些豪华酒店为会议提供的音响设备却很廉价。演讲者如果使用这样的设备来发表讲话，就如同是一位双手双脚戴着镣铐的奥林匹克运动员在努力赢得比赛。这样的设备不仅使得演讲效果奇差，还会阻止讲话人四处走动，或是上前接近听众。

如果你想要与他人建立联结，那么，你就需要对不利因素做出调整。如果在家里，你想与自己的配偶建立联结，那么请关掉电视机。

如果你计划与同事或是顾客吃午餐，那么请选择一个足够安静的地方便于谈话。如果你负责会议或小型团体聚会，那么请选择一间合适的房间，确保房间里的设备便于你与在场的每位参与者建立联结。如果你正准备演讲，那么请检查演讲场地，消除你们之间不利于建立联结的阻碍。一旦你站在了演讲舞台，再想做调整就太晚了。要想有效地与他人建立联结，请负责任地给予他人与你建立视觉联结的最佳机会。

人们了解什么——理性层面的联结

要想有效地与他人建立理性层面的联结，你必须了解两件事情：你的目标和你自己。第一件事是十分明显的。每个人都可能遇到别人阐述某个自己闻所未闻的话题。

最理想的情况下，这可能是一次有趣的经历；最糟糕的情况下，可能会变成一种折磨；但大多数时候，这样的话题可能会让人感到不真实。

如果你不体验，音乐不会自个儿冒出来。
——爵士音乐家查理·帕克（Charlie Parker）

如果我们想与某人心意相连，除了私人经历别无他选。如果你听说过或知道某件事情却不曾亲身经历，会致使你的听众们遭遇信任鸿沟。如果你经历过某件事情，却对之不甚了解，无法解释其中的道理，你的听众们则会感到懊恼沮丧。你必须将两者结合在一起才能始终如一地保持联结。了解自己的目标十分重要，了解自己也一样重要。高效的演讲者懂得悦纳自己。他们十分自信，因为他们清楚自己能做什么，不能做什么。当他们与人交谈时，总是倾向于最佳的沟通点。

　　正如我提到过的，我花了一段时间才学会高效地交流。我并不是一开始就擅长交流的，我第一次公众演讲的经历是在1967年我上大学期间。那时，我的演讲策略是模仿那些我欣赏的演说家，而效果简直是灾难！

　　当模仿没有效果，我尝试运用自己的学科知识来给人们留下深刻的印象。但没有人听！我花了足足八年的时间才为自己的演讲者身份找到定位。

当你找准了自己的定位时，你也找到了自己的听众。

人们感觉如何——情感层面的联结

　　我有一位作家朋友名叫约翰·科特（John Kotter），他最近创作了一本名为《紧迫感》（*A Sense of Urgency*）的书。在这本书里，科特指出："几百年来，我们都听说这样一句话：伟大的领导者赢得的是人心和他人的头脑。"请注意，他没有说伟大的领导者赢得的是他人的头脑。也没有说伟大的领导者赢得是他人的头脑和心，心居于头脑之前。如果你想要做一位优秀的演讲者，我们需要将这一要点铭记于心。如果你想赢得其他人，首先需要赢得他的心，这样一来，他的其他部分也会跟随。

我见过不少演讲者和教师过分倚重自己的聪明才智，想要以此说服他人。不仅如此，他们中的许多人还高估了人们乐于接受信息的天分，也高估了人们因此做出改变的渴望。这些演讲者和教师们相信，只要他们逻辑清晰、有理有据，就能够得到他人的认可。可这些逻辑论据真的不起作用。

治疗师兼领导力专家拉比·埃德温·H. 弗莱德曼（Rabbi Edwin H. Friedman）评论表示：

当今时代最大的误解在于臆断顿悟对于那些无心改变的人是行之有效的。沟通的关键不在于句法、口才、修辞、发音，而在于信息交流的情感环境。只有当听众的心向着你的时候，他们才听得进你的话；而如果是你的话一个劲儿追着他们跑，这样往往适得其反，即使是字字珠玑，也会因为生硬和强迫失去效果。态度才是演讲真正的修辞。

无论内心深处的你是低沉消极的还是积极向上的，在你与他人交流的过程中最终都会暴露出来。"人如其思"这句谚语绝非虚言。

你内心真实的想法会使人对你形成一定的印象，也会影响他人对待你的方式。

可能人们听到的是你的话语，但感受到的却是你的态度。

这样可能使你与其他人的联结更加亲密，使你赢得他们；也有可能使他们疏远你，致使你最终失去他们。事实上，在与他人交流的过程中，你的态度的影响力远胜于你的话语。正如斯隆斯超级市场的朱尔斯·罗斯 (Jules Rose) 所说："使用的词语再精准也远不如你赋予这些词语的活力、热情和信念重要。"

那些能够与他人建立情感层面联结的人往往拥有所谓的存在感和个人魅力。他们鹤立鸡群，出类拔萃，其他人众星拱月般为他们所吸引。有人曾说："人们永远不会记得你说了什么，也不会记得你做了什么，但是，他们总会记得你给他们带来了怎样的感觉。"

为什么有些人具备这样的能力呢？我的朋友兼同事丹·莱兰（Dan Reiland）使我明白了其中的道理。一天他问道："约翰，你知道为什么有人魅力四射而有人却平淡无奇吗？"

我的第一反应是"个性"："有些人很有为人处事的一套方法，有人却没有。"

"我不这么认为，"丹回答道，"我不认为个人魅力与个性有关，我觉得它与态度有关。"接着，他解释了充满个人魅力的人的关注点是向外的，而不是向内的。这样的人关心他人，并且渴望增加他人的价值。

我逐渐意识到丹是对的，"存在感"强的人态度无私，倾向于把他人放在第一位。他们积极的态度促使他们去寻找、去专注于正确的事情而不是错误的事情。

他们拥有一种不可动摇的自信力。

拉里·金（Larry King）对有史以来最伟大的棒球运动员泰·科布（Ty Cobb）的采访是我最喜欢的关于自信的故事。当七十岁的科布被问道："如果你现在来打棒球，你觉得自己胜率几何？"

终其一生，科布的打击率达到 0.367（该记录至今未被刷新）。他答道："大概 0.29 或 0.3 吧。"

"是因为距离、夜间比赛、人工草皮，或是新比赛场地吧？"拉里问道。

"都不是，"科布答道，"是因为我 70 岁了。"

当这样的自信力注入他人身上时，会让人们觉得自己和给予自信的人是有联系的，这也会让他们对自己有信心。

这是魅力的基准线。不一定非得美丽动人，不一定得是一个天才，也不一定得是演讲高手，才能拥有存在感，才能与人建立联结。你只需要态度积极、相信自己、关注他人。这样一来，你极有可能与他人建立联结，因为你让他人感你所感，而这正是建立情感联结的关键所在。无论你是与一位听众、一个小群体，还是与某一个个体建立联结，这一规则统统适用。

史蒂文·希斯科（Steven Hiscoe）是一所加拿大省级警校的讲师，负责培训警校学员们进行自卫及如何使用武力应对危急情况。史蒂文表示，自从遭遇过一次暴力对抗后，他试着教警员们学习建立情感层面的联结。他解释道："当警员参与暴力对抗时，他们必须向不在现场的群众解释自己的行为，因为这些群众就如同场外四分卫。"史蒂文教导警员们："不要只是向这些群众陈述干瘪的事实，陈述的过程中也要夹带自己的情感和认知，让他们也体会到你们的感受。"无论什么时候你想要与他人建立联结，这都应该是你所追求的目标。请让他们感你所感。

人们听到了什么——口头层面的联结

沟通不仅仅是语言层面的，要想与人建立联结，必须从视觉层面、理性层面、情感层面对他们产生吸引力——希望我的解释足够具有说服力。不过这并不意味着，我们应该忽视语言的能力！

作为作家和演说家，我的生活充溢着语言文字。我最喜欢的游戏是类似 Boggle 和 Upwords 的文字游戏。我最喜欢的消遣活动是阅读。我喜欢旁征博引。我相信正如英国首相本杰明·迪斯雷利（Benjamin Disraeli）所说："引证能够留存智者的智慧和老者的经验。"

如果你有幸听过马丁·路德·金的演讲，你会被他的用语修辞所鼓舞。阅读世界上最伟大剧作家莎士比亚的戏剧吧。在四百年后的今天，我们仍然能常常听到人们引证莎翁书中的短语词汇，有些人甚至不知道自己的引语是出自莎士比亚。语言是思想的货币，具有改变世界的力量。

我们表达的内容和方式都会产生相当大的影响。人们会对我们使用的语言做出回应。我们选择使用的语言可以鼓舞我们的配偶和孩子，也足以摧毁他们。语言可以让我们达成协议，也有可能使谈判破裂。语言能够使原本无聊的谈话变成值得纪念的时刻。

在我与他人进行一对一交流的过程中，即使当时的情况困窘，我也会认真选择积极向上的词汇，传递出我对他们的信心。当我在听众面前演讲时，我会努力使自己的语言深刻而有力。正如马克·吐温所说："近乎正确的用语和完全正确的用语之间有着巨大的差别——二者就好比萤火虫和闪电。"

一个人如何表达也传递着许多信息。紧急通讯主管赫谢尔·克雷斯(Hershel Kreis)解释道："我们急救行业所面临的最大困难之一在于我们只能同来电人员进行口头上的交流。"但是，就算无法看到来电人员，也并不会阻碍他们收集信息和进行有效的沟通。"尽管我们无法随心所欲地获得所有的非语言信息，但我们能够听见来电者的语速、语调、嘈杂的背景声等等，我们凭借经验倾听更多除了语言之外的信息，以此同来电者建立联结。"

一个人根据他人说话的方式所获得的信息是远远超乎他的想象的。这也是我说话时十分注意自己的说话方式的原因。语气、音调、节奏、音量、语速——任何与你运用嗓音相关的信息都传递着某些信息，都有可能帮助你在交谈的过程中与他人建立联结，或者切断与他人的联结。

集合四个要素的联结能力

拥有超越语言的沟通艺术首先需要具备将四个要素综合在一起的能力——用语毫发不爽，情感恰如其分，于理使人信服，并给他人留下良好的视觉印象。因此，我们需要运用正确的语调、恰当的面部表情、积极向上的肢体语言。

我知道这听起来可能有些复杂，确实如此。但这同时也是直观的，简单易懂的。我能给你的最好建议就是学会如何做自己。最专业的演讲者往往可以通过试炼和试错对自己和自己的长处了如指掌，并会利用自己的优势将它发挥到极致。最优秀的单人喜剧演员、政治家、艺人也是如此。

他们每个人都有自己独一无二的风格，但是都有一个共同点：都具备建立视觉联结、理性联结、情感联结、语言联结的能力。

如果你还未发掘或是培养自己的风格，请向其他演讲者学习。请在与人谈话的过程中尝试试验。当你看见他人使用有效的联结技巧时，向他们"借鉴"也是可以的，让这些成为你自己的技巧。J. 杰森·帕甘（J. Jayson Pagan）承认，他在职业生涯的初期，曾从CD上听到过一则消息，他对此深信不疑，当时的他坚信应该向机构组织中的所有人分享这则消息。杰森解释道："我在CD里听到了这则消息，于是将它逐字打了出来。我抓住时机，将这则信息原封不动地照搬了出来。毫无疑问，我看起来就像是一只大型的绿蓝鹦鹉，尖声高叫，喋喋不休，重复着那则影响了我的信息。这样鹦鹦学舌产生的效果微乎其微。"杰森总结道："人们需要你的影响力，但不应该是通过对口型来实现。"

你传递的信息必须属于你自己。因此也必须是你自己的风格。努力去发掘自己的风格，培养应对各种情况的联结者技能。当你学习这些技巧时，只用记住自己所传达的信息有多少是文字以外的视觉信息。

你的声音太大，我听不清。

——拉尔夫·艾默生

从各个层面与他人建立联结

联结的原则：不是只有通过语言才能建立联结

关键概念：如果你能够运用除语言外的更多信息，你与他人建立联结的可能性越大。

一对一联结

人们在尝试与他人建立联结的过程中，往往会忽视非语言沟通方面的重要性。他们不会加倍努力来建立语言之外的联结。你可以在以下方面有所改进：

·给予他人全部的关注，以此建立联结。眼睛是心灵的窗户，正视他人的内心，袒露自己的真心。

·提出问题，认真聆听，仔细关注那些没有说出的内容，方能与他人建立理性联结。

·肢体接触能够建立情感层面的联结，但是请注意与异性成员保持适当的距离，尊重界限。

在团体中建立联结

学会像一名顾问一样思考和交流的一个好方法是同团体建立联结。在团体中能提供互动环境，你能切实地教会成员们去做什么，接着当你要求他们反过来向你展示完成情况时，你可以为他们提供反馈。在团体环境中，你应该：

· 通过举例示范来建立视觉层面的联结。团体中的成员将会有样学样。

· 通过投资促进成员们的成长来建立理性层面的联结。这一投资是建立在他们已经理解的事物的基础之上的，这样他们才能提升到一个新的层次。

· 通过尊重团队付出的努力，对成员们的贡献予以奖励来建立情感层面的联结。

与听众联结

在三种建立联结的背景环境中，在听众面前演讲时，最难运用除语言之外的交流方式。为什么？因为在舞台上，几乎我们所有的沟通内容都是通过语言来传达的。但是，你仍可通过完成三件事情来快速提高自己非语言交流的能力，演讲开始之前的时刻尤为关键。

· 通过微笑来建立视觉层面的联结，人们会因此明白，你十分乐意与他们交流。

· 策略性地暂停演讲，给听众们一些时间来思考演讲内容。

· 笑容和流泪这样的面部表情利于建立情感层面的联结。

4

持续的活力贡献持续的动力

请想一想你所认识的最善于在公众面前交流的人。接下来请想一想几位最善于在小团体或团队中进行交流的人。再想一想几位善于进行一对一交流的人。请将这些人在心里列一个名单，思考一下：这其中有多少人是低活力的？我敢打赌，答案是一个也没有。即使有些人看起来相当低调，他们通常也具备着外表不曾显露的充沛活力。我为什么会这么说呢？因为建立联结并非自然而然发生的。如果想要与人建立联结，首先必须得是有意愿的。而这往往需要活力。

你的投入会给他人带来收获

1996 年，我得到了最有挑战性也最有价值的联结机会。我接到了一通来自印第安纳州希尔汉姆的小教堂的电话，邀请我在纪念教堂建立二十五周年的庆典上演讲。

可以说，打电话的人在询问我是否乐意前去演讲时，听起来有些紧张。同时他还想知道需要支付多少演讲费。

尽管这个电话来得突然，我还是很高兴能接到这样的电话。你们知道吗，1969 年，这个印第安纳州南部乡村小教堂是我的高级牧师职业生涯的起点。在我担任教堂牧师期间，会众从几个人增加到了几百人，到了 1971 年，为了容纳不断增加的会众，我们新建了一个教堂。在接下来的 25 年里，我的牧师职业生涯延续到了规模更大的教堂，我获得了完全超乎想象的影响力，但我始终对希尔汉姆的会众们心怀感念。是他们帮助我开启了职业生涯，在我年轻气盛、缺乏经验、容易犯糊涂的时候，希尔汉姆的会众们给予了我无条件的爱。我迅速告诉打电话的人，我非常乐意回来参与这样一个重大的时刻。不仅如此，我还会携家人一起，也很乐意自己承担所有费用。

我挂掉电话之后，玛格丽特说道："约翰，我觉得这件事有些不妥。25 年是一段太漫长的时光。你已经不是当初的你。如今你和他们属于两个世界。他们可能已经跟你失去了联结。你要怎么和他们建立联结呢？"

一连好几天我都在想着妻子的话。她说得没错。这些年我改变了太多。他们肯定也变了。我需要耗费大量精力才能与他们建立起联结。不可能我一露面所有的事情都水到渠成。我得想想怎样才能推动我们之间的情感和关系。

我知道，25 周年庆典应该成为属于他们的特别日子，而不是我的。我想祝贺他们，而不仅仅是主持仪式。在接下来的几个星期，我开始思考我早年和希尔汉姆的人们度过的时光，我决定做些力所能及的事情尽力建立联结。我做了这些事：

寻找那些承载着共同记忆的事物

我翻阅了档案，找到了一些特殊活动的记录，诸如大家参加过的婚礼、葬礼、布道会等等，我发现了一张尤为重要的照片。照片里301人站在教堂前，创下了与会纪录。我把这张照片带回了希尔汉姆，大家高兴地在照片里寻找自己的身影。

努力记住他们的姓名

我十分擅长记人名，因为我在用心做这件事。我永远不会忘记住在希尔汉姆的一群人，我总是能很快叫出他们的名字。但因为时间实在太过久远，我只能通过翻看记录和相片慢慢回溯记忆的长河。到了我们重聚的那一天，我几乎记起了所有人的名字。更棒的是，当我到达镇上的时候，其中一个人送给了我一本崭新的带图画的教堂名录。这本名录上有着每个教会成员的近照，这样我就能知道他们现在的模样。我希望在我到教堂前，我已经看过他们现在的样子，能够叫出他们的名字。

努力让他们觉得特别

我在周六安排了一个聚会，邀请了过去所有在我任职期间的教会成员们，这是周末庆祝活动的一部分。我不希望其他任何人参加——除了他们以外。我们在教堂的地下室度过了三个小时，重温过去的时光。我们一起回顾着那些纪念物品，它们带给我们欢笑，偶尔也令我们落泪。

尽可能地让我的这次到访成为更多人的私人回忆

我送了他们像洗礼证书这样的复印件和特别时刻的纪念品。例如，我给了雪莉·克劳德（Shirley Crowder）一张她刚刚入会时我布道文章的复印件，给了阿贝·莱根诺尔（Abe Legenour）一张他受洗时的照片。每个人都收到了一些有助于回忆起"美好的往昔"的东西。之后我们一家人和每个人都拍了照片。

尽可能地和他们度过计划外的时光

有些演讲者和客座牧师喜欢姗姗来迟，保持和听众们的距离，远远地在舞台上发表讲话，结束之后立刻匆匆离去。我不想这样，我希望自己是平易近人的。所以星期天我和玛格丽特提前了30分钟参加礼拜仪式，这样我们私底下能够和尽可能多的人打招呼。我们到达时大吃一惊，停车场已经爆满，礼堂被人堵得严严实实。我一边走进教堂，一边和一排又一排的人打招呼。活动结束之后，我们一直待在现场，留到了最后。

在布道的时候分享我犯错的经历

我的经验是，你可以通过谈论自己的成就来给人们留下深刻的印象，但如果你希望得到他人的认同，那么最好谈一谈自己的失败经历。我当天就是这样做的。我对大家那些年给予我的耐心和友好表示了衷心感谢。坦白来讲，当时我正值青春年少，大家对我十分包容。我感激他们，也希望他们能体会到我的感激之情。

承认他们是我成功路上的一部分

没有他人的帮助，任何人都寸步难行。是那一群人帮助我走上了职业生涯的正轨。基于这样的事实，我确立了自己演讲的主旨，并将其命名为"我在希尔汉姆学到的十则经验"。我这样演讲时，他们开始回忆，有时欢笑，有时落泪。在我演讲的结尾，我向他们对我产生的影响表达了诚挚的感谢。我对他们说的最后一句话是：每个年轻人都应该在希尔汉姆度过他们最初的神职生涯，希尔汉姆会为他们成功的神职生涯奠定坚实的基础。

我相信这次重聚令每个人都很满意。我和玛格丽特当然如此。在我们回家的飞机上，玛格丽特说道："嗯，你做到了。你和他们联结了起来。"我已经尽了全力，对此我很满意，同时我也已经精疲力竭。

在开端注入活力

我攻读学士学位期间，上了一门演讲课。四十年过去了，我可以确切地说，学会如何在听众面前演讲是我人生道路的奠基石，也是我成为演讲者的道路上的催化剂。在那堂课上，我听到教授提起了"演讲者四种不可饶恕的原罪"：没有准备、态度不明、乏味无趣、不够随和。你是否注意到了这四种"原罪"中前三种的共同点？——活力。前三种是通过努力就能克服的。做好准备、明确态度、增加趣味都需要花费活力。无论你是在一个人还是一千人面前演讲都是如此。联结始终需要注入活力。

作家兼沟通顾问苏珊·罗恩（Susan Roane）［著有《如何掌控全局》（*How to Work a Room*）］描述了如何在社会背景下与他人建立联结。她在自己的网页上提供了"来自社交专家的十个技巧"，这些经验适用于结识新人。

请在阅读她的建议清单时，认真思考其中有几条是需要活力的。她表示，优秀的社交者：

· 拥有令他人感到自在的能力
· 看起来自信放松

·拥有自嘲的能力（而不是嘲笑他人的能力）

·对他人感兴趣，保持眼神交流、表露自我、询问问题、积极倾听

·能够推己及人，在问候的时候倾向于坚定的握手和微笑

·传递出活力和热情——一种生活的乐趣

·发展全面、消息灵通、举止得体

·会准备一些诙谐幽默且恰当的小故事和小短篇，用于合适的场合

·用富有感染力的热情向他人介绍彼此，促进被介绍人之间的交流对话（只有这样的热情才能达到相应的效果）

·传递出尊敬和真实的喜爱之情——这是交流的核心所在

据我统计，其中至少有七条需要活力。要是你渴望与他人建立联结，却听之任之，希望船到桥头自然直，那还是算了吧。联结始终需要注入活力。

建立有效联结的 5 种方法

无论你同谁建立联结，在何种背景下建立联结都没有关系。需要做的始终都是：注入活力建立有效的联结。要想获得大部分建立联结的机会，你必须策略性地注入活力。无论是在配偶之间或与同事和老板的社交聚会上，还是在会议中、在讲台前、在露天场地的舞台上，以下有一些具体的建议，能够帮助你建立联结。我之所以对这一说法如此自信，是因为我在以上每一种情境中都与人建立了联结。

我所谓的与他人建立联结需要注入活力，并不等同于要求你必须极其活跃，也并不要求你一定是一个外向的人。只是简单地要求你乐于运用无论何种形式的活力，来关注他人，对他人感兴趣或是愿意对他们伸出援助之手。这其实是一个选择的问题。工程师兼项目经理劳琳达·贝林格（Laurinda Bellinger）评论道："二十年前，我下定决心不再躲在自己内向的个性之后，勇敢地与他人建立联结。如今，当我告诉一起工作的同事们说，我其实是个内向的人，他们总会笑我。但是，内向的人同样能够有外向的表现——（只不过）表现得外向真的会耗尽我们的活力，我们比外向的人需要更快地为自己充电。"

如果你想要与他人建立联结，你需要有意地去做这件事。以下是有关建立联结所需的活力及如何使用这种活力的具有战略意义的五种观察结果。

建立联结需要主动性（奋勇当先）

我曾有幸在位于阿肯色州本顿维尔的沃尔玛总部对其员工做过几次演讲。第一次去演讲的时候，沃尔玛安排我参观了它的设施，这些设施处处有标志强调着沃尔玛的价值观和信念。

第一次演讲过后，我掏出了笔记本，记下了许多标志上强调的主旨信息。给我印象最深的是"十英尺 ① 规则"。规则是这样的：

从今天起，我庄严宣布并承诺，每当顾客离我只有十英尺时，直视他们的眼睛，微笑着向他们打招呼。

——山姆·沃尔顿（Sam Wal Ton）

---

① 英尺：1 英尺 = 30.48 厘米，10 英尺 =204.8 厘米。

山姆·沃尔顿明白主动与他人建立联结的重要性。主动性之于任何一段关系就如同火柴之于蜡烛。

我相信大多数人都能认识到主动性的价值。他们会欣然认可在人际交往中采取主动的重要性，但是许多人依然不会主动。在与他人互动的过程中，他们通常会等待对方迈出第一步，从而导致机会流失。

如果你一直等待着希望能为所有人做一切事情，而不是为一部分人做某些事情，那么最终你没法为任何人做任何事情。

——退休牧师马尔科姆·贝恩（Malcolm Bane）

如果你想建立联结，请不要坐以待毙。主动！

不仅对于个体而言，对于团体来说，愿意耗费活力主动建立联结都是十分重要的。英国阿博茨霍尔姆学校（Abbotsholme School）的顾问西蒙·赫布特（Simon Herbert）评论道：

我负责学校的橄榄球项目。去年，我试着减少自己身上的某些元素——少一些顾问的架子，多一点运动员的精神。整个赛季剩下的时间，我都在"救火"，我不清楚到底哪里出了问题。当最后一段时间，我们在南非巡回比赛时，我终于确定了一个事实——我有点退缩了，我的活力不再是整个团队的驱动力了。不过请别误会我的意思，我的运动员团队和顾问团队中都有着优秀的领导者。但我的一位亲密的导师让我明白，毫无疑问正是我对比赛和球员们的激情点燃了其他人的似火热情。而我需要做的是，继续添煤让这样的火焰越烧越旺。

如果西蒙不愿意身先士卒，将自己的活力投入整个团队，那么这支队伍就不可能充分释放潜力，取得这样的成功。联结需要主动性。

　　我在《与人共赢的 25 种方法》（*25 Ways to Win with People*）中谈到的一门技巧是："首先伸出援助之手。"这并不难，却具有强大的力量。在生活中，如果我们需要帮助，我们最倾向于想起谁？如果有人会给予我们帮助，我们觉得那个人最有可能是谁？那个人往往都是第一个帮助我们的人。对你来说不也是这样吗？我们总是对于那些尽心尽力帮助我们、包容我们的人充满感激之情。

　　对我来说也是如此。莱斯·斯托布（Les Stobbe）是第一个教我写作的人。迪克·彼得森（Dick Peterson）帮助我创办了我的第一家公司。我的哥哥拉里是我的第一位生意导师。库尔特·坎普迈尔（Kurt Kampmeir）开启了我的个人成长之旅。埃尔默·汤斯第一个教我教会事宜。杰拉德·布鲁克斯（Gerald Brooks）第一个向我的非营利领导组织 EQUIP 捐款。当琳达·埃格斯知道我的公司需要帮助的时候，她自愿对我伸出援助之手。他们为我做的事情都需要耗费活力。他们每个人都在我的内心占据着一席之地！

　　我不仅同他们有着联结，也同其他一部分人联结着。

聪明人会马上做愚蠢的人最后才做的事情。

——犹太谚语

　　太多时候，我们在等待着一个适于主动与他人建立关系的"完美时刻"。据我的经验观察，这样的完美时刻永远不会到来。主动与人谈话总是会让人感到局促不安。主动提供帮助需承担遭到拒绝的风险。馈赠他人也可能招致误解。

这些时候，你很难觉得这样的主动是轻而易举、驾轻就熟的。你需要学习的仅仅是消化这些局促不安的情绪。正如前第一夫人埃莉诺·罗斯福（Eleanor Roosevelt）所说："我们必须去做一些我们觉得不可能的事情。"成功与人建立联结的人往往是一往无前，做到了我们其他人根本不会花时间去做的事情。

建立联结需要思维清晰（准备）

建立联结需要乐于主动结交他人，意味着要在当下采取行动，同时我们也需要在建立联结的时候，清楚自己正在做什么。这也就需要清晰的思维，而清晰的思维往往需要从以下三个方面做好准备：

了解自我——个人的准备。三十多年前，为了挑战自我，我参加了一个个人成长项目，我将学习视为提升自我价值的一个方法。不久之后，我发现，我越是提升自己的价值，就越是拥有更强的能力来帮助提升他人的价值。这也是为什么我告诉大家在为他人增加价值之前，首先要提升自己的价值。你总不能给予别人连自己都没有的东西吧。

你没法告诉别人一些连自己都不知道的事情，你也无法同别人分享自己都未曾体验的感受，没有人能无中生有。

了解自己并促使自我的成长能够促使你头脑清醒，情感明确。你知道自己在做什么，知道自己不知道什么。你知道自己可以做什么，不可以做什么。你能够悦纳自己，对自己的身份充满信心。你愿意也能够坦率待人，因此也能够与他人建立联结。高尔夫球顾问兼作家哈维·皮尼克（Harvey Pinick）针对高尔夫球员的观点也同样适用于生活中其他领域的人们："如果一名运动员能在小细节方面做好准备，那么他也能为重大挑战做好充分准备。"

了解你的听众——对人的准备。了解他人是与他人建立联结的起点。你对一般人了解得越多，你将具备越强大的建立联结的能力。你对你特别想要与之建立联结的人了解得越多，你将变得越幸福、越有成就感。如果你对你的听众们并不了解，你所传递的信息将会是模糊不清的。

多年来，我一直在为我的演讲对象不断准备和调整自己的发言。举例说明，当我在组织领导人圆桌会议讨论他们的领域的重要问题时，我试着尽可能多地了解每一位与会领导人的情况。我对他们的了解愈是充分，我对他们的引导和帮助就愈大。在进行这样的会议准备时，我会使用类似记者采访事迹的清单。我会问：

· 他们是谁？

· 他们关心的是什么？

· 他们从哪里来的？

· 他们什么时候决定参会的？

· 为什么他们来到这里？

· 我能为他们提供自己所拥有的什么东西？

· 在我们总结的时候，他们希望能获得什么样的感受？

我能融入某个圆桌会议的讨论吗？也许吧。我也能够与这些人建立联结吗？不能。我能随心所欲地为他们增加价值吗？当然不能！回答这七个问题是需要时间和活力的，却是值得的。每当我想要与他人建立联结时，我会尝试花费活力来弓调马服。

领导人们在联合自己组织机构中的成员时，他们会花费大量的时间和活力来问问题、收集信息、做准备。领导人们清楚，如果自己想要规划憧憬，就必须让自己的成员们清楚明确。责任是落在他们自己的肩上，而不是那些听从领导者指挥的人的身上。

了解你的员工——职业的准备。做自己，同时理解他人，这样你与他人能够建立更加深远的联结。但是，当你必须演讲、必须授课、必须领导他人的时候，你也必须进行职业相关的准备。你必须知道自己在说些什么。我相信你一定听过一些人的侃侃而谈，可惜却提供不了任何实质性建议。刚听他们说完，你一边走一边觉得不错，但几分钟或是几天过后，你会意识到你的情况并没有改善。

又或者有些时候，你会遇到一些知识渊博，却无法进行有效沟通的人。与他们交谈不了多久，你就会心不在焉。当他们说完话后，你会在心里默念："感谢上天，终于说完了。"这两种形式的交流都是无效的。但如果有人能将二者结合，那么交流会迸发出强大的力量。

联结需要耐心（放缓节奏）

一位年轻的女士不太熟悉手动挡驾驶，绿灯的时候车突然熄了火。每一次启动汽车的时候，她都十分紧张，总是快速地松开离合，以至于汽车再次熄火。后面的司机本来可以绕过这位女士的车，但他不停地按喇叭。司机越是按喇叭，女士变得越发尴尬恼怒。她绝望地尝试最后一次启动汽车未果，于是她打开车门转身向后面司机的车走去。这位司机惊讶地摇下了车窗。

"听着，"她说，"你去帮我启动车子，我坐到你的位子上朝你按喇叭。"

我们如今生活的环境缺乏耐心。我们通过直通式窗口来购餐、取药、取回干洗的衣物、处理银行交易。我觉得莉萨·索恩（Lisa Thorne）在我博客上的留言描绘了我们许多人的生活："好消息是我快速前进着，坏消息是我总是踽踽独行。"每个人都行色匆匆，因此我们中的大部分人没办法与他人有效联结。如果你想要与他人建立联结，你需要放缓节奏。

必须承认，我一直存在没有耐心的缺点，但我一直在努力地克服这一缺点。在我职业生涯的早期，我总是希望能尽快完成眼前的事情，然后迅速投入下一件事。如果有人不想和我保持同一步伐，我会轻易就略过这个人。但这样的领导风格限制了我与他人建立联结的能力，我的人际关系也因此遭遇挫折。

这样的前进速度对于另一个人来说是精疲力竭的。很明显同一个速度比我们快的人保持一致是十分耗费精力的。但同一个慢于我们理想速度的人保持一致不也是令人疲惫的吗？

> **一个人走能开启一天的生活，两个人走得等到另一个做好准备方能开启一天的生活。**
> ——亨利·戴维·梭罗（Henry David Thoreau）

我发现等待是一件令人懊恼的事。等待是在考验我的耐心。但是，要想与他人建立联结，我必须欣然放慢自己的节奏来适应另一个人的节奏。优秀的联结者不总是跑得最快的那一个，但他们总能带领他人一起前进。优秀的联结者会显示出耐心。他们会把自己的日程安排搁在一边，来照顾他人的安排需求。做这些事情需要精力。但这些年我发现，生活中真正有价值的事物是需要花费时间去经营的。

建立联结需要无私奉献（给予）

生活中，有给予者也有索求者。你喜欢和哪一种人待在一起呢？当然是给予者。任何人都是如此。如果我们在杂货店或是其他公共场所看见我们认识的人变成了索取的人，我们往往会避免和他们的眼神进行交流或是快速闪到角落里假装没有看见他们。相反，如果我们发现他们在给予，我们会很高兴见到他们，并会特地同他们打声招呼。人们总是能轻松地同给予者建立联结。

成为一名给予者意味着要耗费活力，尤其是面临压力时，给予就变得尤其艰难。励志演说家特鲁迪·梅茨格（Trudy Metzger）幼年时期曾遭受虐待，但她努力克服童年时期的阴影，成年后成了一名给予者。不过，在面对童年时期认识的一些人时，她依然会难以维持给予者的心态。有些时候，当她感到脆弱，她会采取防御姿态，试着掌控局势。最近，她意识到，当她遭遇这样的情况时，她会变成一个索取者而不是给予者。特鲁迪表示：尽管给予需要耗费活力，但我不得不承认当我变成一名索取者的时候，我的活力才会真正消失殆尽，我的内心已经完全枯萎。而成为一名给予者会令人焕然新生——如同给植物浇水，这样它才能长大。而一名索取者就仿佛是在抽干土壤中的水分和营养，最终导致植物枯死，土壤荒废。

做给予者需要耗费大量活力。但选择逃避，不与他人交流也同样会耗费大量活力。埃德·希金斯（Ed Higgins）评论道："我耗费了巨大的活力来避免建立联结（大多数时候我表现得比较外向），因此感到十分痛苦。我逐渐意识到，避免建立联结所耗费的活力要远远大于建立联结所需要的活力。

做一名给予者往往是双赢的。当你帮助他人的时候，也会为自己注入活力，并且会帮助你建立起联结关系。无论是一对一的帮助、对团体，还是对一大群听众给予帮助，都是如此。如果你专注于给予，那么你会发现建立联结变得更加轻松了。这些年来，我领导一家教堂，在周末向会众们布道的时候，我通常会和我的一些员工们花些时间做点简单的汇报，讨论我们的礼拜仪式情况如何。有些时候，我的朋友兼同事丹·莱兰会说："约翰，我发现人们真的很容易倾听你的发言。"

"你能说说原因吗？"我问道。我很敬重丹，也想听听他的看法。

"我能做的可不只是解释。"丹答道。第二天早上，我的桌子上躺着丹的分析信。信上是这样写的：

我想了想为什么你能轻松地吸引人们倾听。我特别好奇的是，为何即使人们知道你接下来要讲的内容，依然能够耐心聆听。其价值绝对超越了仅仅是讲好故事的娱乐价值。

我认为这一切原因都可以归结为这位演讲者本身就是一位给予者而不是索取者。人的精神能够感知也能因为这样的给予精神得到滋养。

事实上，一位满怀给予精神的导师能够给你的精神注入新的力量。尽管你所传达的内容是人们多次反复听到的，但他们依然备受鼓舞。你所教授的内容的本质即是给予，人们对一位给予者的热情可以保持一整天，却很快会对一名索取者感到厌倦。

我是这么想的：如果演讲者是出于需要、不安全感、自负感，甚至是责任感来传授内容，那就不是在给予。渴望关注的演讲者希望得到赞美；缺乏安全感的演讲者希望得到认可；自负的演讲者想要被人仰视；被责任感驱动的演讲者想要被视为忠诚的工作者、有责任感的人，而这是听众必须赋予的。许多演讲者始终在采取其中一种行为模式来传授内容，却不自知。

而给予者，这类人出于爱、慈悲、感恩、同情、激情、溢出的热情来教授内容。这些都属于给予的模式。无论是其中哪一种心灵模式，听众们都不需要给予任何事物——只需要接受就好。接着，这次教导会成为一份礼物。它会鼓舞人心，也会为之注入新的力量。这就是你。这也是为什么人们能够一整天听你的演讲。当我观察你，向你学习的时候，99% 的时间你都是采取给予模式来教导他人的。只有在极少数情况下，你会陷入自负模式，那时我会觉得你不再是给予，而是在索取。这样的表现就是："我比较特别，我比你们优秀那么一点点。"除了这样的极少数时刻，我能一整天都聆听你的演说。

我并不认为自己像丹所赞美的那样，但是我一直努力将注意力放在听众们身上，想方设法尽我所能为他们增加价值。但是，我觉得他说得十分准确，所有的演讲者既是给予者，也是索取者，而这是态度作用的结果。他们的思维方式里既有自私也有无私。正如何塞·曼努埃尔·普约尔·埃尔南德斯（José Manuel Pujol Hernández）所说，在我们眼里，他人既是阶梯也是桥梁。如果我们将他人视为阶梯，那么我们会借机踏上更高的地方；如果我们将他人视为桥梁，那么我们能借此建立联结。

当你在聆听他人的演讲时，请问一问自己：这位演讲者是否给予了我一切——是否给予我以关注的目光？是否以整洁的仪表、得体的姿态、深刻的思想、良好的个性呈现在我面前？还是说这个人仅仅是在沿途经过这个小镇，恰好得到这次演讲机会，暂时停留一下？想要与他人建立联结的人必须付出所有。给予是一件耗费活力的事。

最近，我同一位演讲者进行了交谈，他已经厌倦了一遍又一遍对着不同的人做同样的演讲。我提醒他，他不是在为自己演讲，而是在为他人谋取福利。在演讲的过程中，一个人应该如何保持这样的思维模式，找到能给予一切事物的活力？

对此，杰里·韦斯曼在他的《口才制胜：讲故事的艺术》一书中给出了十分中肯的建议。韦斯曼表示，演讲者需要保持"第一次的迷醉感"，这个概念创自舞台演员。尽管舞台演员们可能需要将同一部分演上数十遍、数百遍，甚至是数千遍，但观众们依然想要看到第一次演出时的那种效果。接着韦斯曼继续讲述了关于名人堂里一位叫作乔·迪马乔（Joe Dimaggio）的棒球运动员的故事。

一位记者曾对这位"洋基快艇"说："乔，你打球的时候总是保持着这样的热情。你会竭尽全力迎击每一个滚地球，努力争取每一个腾空球，即使正值八月酷暑，洋基队已经在锦标赛上遥遥领先，没有任何足以匹敌的对手时，你也是这么拼。你是怎样做到的呢？"

迪马乔回答道："我会一直提醒自己，看台上可能会有从来没有看过我比赛的观众。"

这种无私的思维方式，每个人都必须在与他人建立联结的过程中学习保持。无论是一对一的，还是对团体的、在听众面前的，都需要耗费大量活力，却能带来颇为丰厚的收益。

联结往往始于对某人做出的承诺。

建立联结需要毅力（充电）

与人交流无论是精神上、身体上，还是情感上都会造成一定的消耗。作家兼顾问安妮·库珀·雷迪（Anne Cooper Ready）描述了在对听众演讲时的几种情绪：

公众演讲被列为美国人最大的恐惧，甚至位于排第五的死亡和排第七的孤单之前。这可能也意味着，比起一个人孤零零地死去，我们更害怕成为别人面前的大傻瓜。领导他人意味着高居人群之上，而恐惧是领导的强大动力。有人害怕突出和不同；有人害怕未知；有人害怕成为一个骗子；有人害怕会忘记自己想说的一切；有人害怕公开置身于风险之中；有人害怕孤独一人，无人陪伴。

而当进行公众演讲时，大部分人会同时面临以上所有的恐惧。

在这样的情况下，怎样才能避免耗尽自己所有的活力，而努力与他人建立联结呢？

如果我们不小心，一直不停地与人建立联结，我们的活力将会消耗殆尽，几乎没有更多的活力储备来完成其他的事情。即使我是一名外向的"擅长交际的人"，我依然需要大量的私人时间来为我的情感、身体和精神的"电池"充电。我相信，对于大多数演讲者和领导者来说都是如此。洛林·伍尔夫（Lorin Woolfe）在《领导力圣经》（*The Bible on Leadership*）中写道："领导人需要拥有无穷无尽的口头活力：处理来电、不停回复简讯、重复同一句口头禅，直到自己无法忍受自己的声音——接着又得继续重复几遍，因为当你自己都快要厌倦了这愚蠢的话时，员工们才刚刚开始意识到你强调的内容。"

这些年来我学会了如何不断地为自己充电。如果你想拥有与他人建立联结的足够活力，你就需要为自己充电。第一件需要做的事情是堵住活力的漏洞，避免不必要的活力流失。在我职业生涯的初期，我会花很多时间为人提供咨询，于是每次回到家的时候我都疲惫不堪。我记得自己一直在思考：为什么我这么累呢？毕竟，我年轻力壮，又对自己的事业充满了激情。我花了一段时间才意识到，和人们一起坐在那里，仅仅是聆听他们倾诉的问题就会令我活力匮乏。

另一件耗费我活力的事是我需要努力改善项目的细节。尽管回报十分有限，却会耗费我大量的活力。而当我能够雇佣一些热爱细节的人时，问题马上解决了。

我十分信奉人尽其才，不管是我自己还是其他人都应该在自己擅长的领域工作。请想一想哪些事情会耗尽你的活力，尽量避开那些并不重要的事情。

同时你得清楚什么样的事情会让你觉得充实，活力丰沛。每个人情况不同。约翰逊·泰特（Johnson Tey）表示，散步会让他充满活力。卡桑德拉·罗奇（Kasandra Roache）喜欢待在沙滩上。瑞安·施莱斯曼（Ryan Schleisman）则会和员工们在办公室外待一段时间。他表示："作为一名内科医生，有时候很难抽出时间来为自己充电。但我清楚，如果我为自己充了电，无论是对我自己还是对我的病人来说都是有好处的。我的员工超棒的，他们会为大家安排娱乐活动。多棒的计划呀。"每天当我头晕的时候，我会享受一次舒服的按摩、打一轮高尔夫、调整节奏，或是祈祷来让自己充电。而我最喜欢的充电方式是在没有安排的情况下，花一天时间和玛格丽特待在一起。

请留心什么东西能为你充电，并将之列为你的日程表的一部分。

如果你有责任领导他人，或是与他人交流，为自己找到充电的方式尤其重要。这真的是一件很简单的事情。你所需要做的事情就是知道你喜欢的事情，并为这些事情腾出时间。

促使人不断前行的是活力，那么除了热爱生活之外，还有什么是活力的来源呢？

——小说家路易斯·奥金克洛斯（Louis Auchincloss）

如果你能认真抽出时间去做一些让你恢复活力的事情，那么当你想要与他人建立联结的时候，就会拥有相应的活力储备。

为了完成有价值的事情，你必须学会管理和调整注入活力的比重。表演者和运动员比任何人都明白这一点。如果他们没有这样做，是无法取得想要的结果的。

对于曾经的美国国家橄榄球联盟的运动员、如今的实况解说员乔·泰斯曼（Joe Theismann）来说，确实如此。他曾在其中担任过四分卫的华盛顿红皮队在20世纪80年代连续两届打进了超级碗赛。当1983年乔的队伍第一次进行冠军争夺赛时，他表现得十分积极，活力旺盛得有些过了头。能走到决赛场实在是令他太兴奋了，于是他拼尽了全力，最终他的队伍胜利了。但第二次的情况有所不同。乔将一切都视作理所当然，态度也不够端正。泰斯曼说："当时我一直在抱怨天气，抱怨我的鞋子，抱怨训练的次数，我对一切都不满。"结果，他的表现很糟糕，队伍输掉了比赛。泰斯曼个人应该对队伍的胜利与失利负全责吗？未必。但是作为四分卫，他是团队的领导者，他是奠定队伍比赛基调的人。据我了解，他有时会同时带上胜利者和失败者的戒指，来提醒自己必须成功。"这两只戒指的不同就在于，"泰斯曼表示，"把全部精力放在做到最好的自己上，不接受其他结果，不要因此分散注意力。"

建立联结和生活中其他事情一样：你必须有意去做。不过这并不意味着你要虚张声势或是华而不实。商业培训师克兰西·克罗斯（Clancy Cross）注意到："人们总是会把活力与音量和速度混为一谈。一位有造诣的音乐家很清楚，舒缓轻柔地唱歌或是演奏（同时也是在温柔缓慢地与听众建立联结）比喧闹快速的方式需要更多的活力。即使我们和其他人坐在一起，静静聆听他们说话也会消耗活力。如果你假装自己投入了活力，或者已经与他人建立了联结，人们一定会察觉到。"

要想成功建立联结，你必须全力以赴，做到最好，否则无法成功。无论你是在领导会议，在和一位朋友喝咖啡，在一大群听众面前演讲，还是和配偶享受浪漫关系，都需要消耗活力。但我想不出节省活力的更好的办法。

从各个层面与他人建立联结

联结的原则：联结始终需要注入活力
关键概念：联结的团体越大，所需要的活力越多。

一对一联结

许多人在建立一对一的联结关系上都会变得懒散。他们想当然地认为别人会听他们讲话。但这会对他人造成伤害，尤其当他们是你最亲近的人的时候，比如你的朋友或是家人。

想要避免落入这样的境地，那么下一次当你准备建立一对一联结时，调整好自己的精神状态和情绪状态，为之做好准备，就像是在为与听众建立联结关系做准备那样。如果你有意识地在对话中注入活力，那么就将更容易同对方建立联结。

如果你希望找到一些方法在一对一联结中投入更多活力，请试试这些年来我和玛格丽特一起做的事情：

· 请在一张纸上写下当天对于你来说有意义的事情。
· 同对方分享之前，请不要告诉任何人于你而言有意义的事情。

每天花点时间和对方一起回顾这些清单，这是需要用心和精力的。

在团体中建立联结

当你同一个团体进行交流，或是在进行会议交流时，房间里的气氛可能会有较大差异。有时候，团体会让交流过程变得活力四射并取得胜利。其他时候，作为领导者或是演讲者，你需要活跃气氛，增添活力。

下一次在团体中进行交流的时候，请不要让自己变得自满。为这一过程持续不断地注入活力——即使房间里的氛围足够活跃。请不要袖手旁观。如果你有意识地让交流保持积极活跃，会给大家带来更好的体验。除此之外，如果你负责活跃气氛，你将会赢得大家的尊重。

我每年都会和15-30位执行层的领导人一起举行圆桌会议，以下是我一直遵循的准则：

· 在会议开始之前，我会走到每个人身边，并介绍自己。

· 我会询问所有人一个问题，以此来挖掘他们身上独有的特质。

· 会议开始时，我会给予他们主导会议的权利。他们可以向我提问，而我会尽全力来为他们服务。

· 如果有些人因为是否参与讨论犹豫不决，为了吸引他们加入，我会向他人分享他们独一无二的特质，并将其特质同讨论的主题联结起来。

· 当我们的讨论结束时，我会询问大家，我究竟能为他们做些什么，能让他们更加成功。

与听众联结

听众参加活动的时候是不会想着为演讲者增添活力的。大家观看演出，参加会议、研讨会及一些活动是希望自己能从中有所收获，而不是要给予别人什么。如果你是一名演讲者，请牢牢记住这一点。你所面对的人群越是庞大，必须投入越多的活力。

请思考一下在对听众演讲时，你怎样才能增添自己的活力。比如，自信能增添活力，而自信来源于充分的准备。激情能增添活力，而激情来源于坚定的信念。积极性能增添活力，而积极性来源于对他人的信任。让交流过程变得越活跃，你就越能向听众们传递活力，同他们建立联结的可能性也会越大。

5

是天赋，更是一种可以习得的技巧

在本书的结尾部分，我将做一件不同寻常的事情。我将这本书的缰绳交与查理·韦策尔（Charlie Wetzel），他从1994年起一直担任我的作者。这本书将由他来驾驭，根据他的观点来谈一谈关于交流的事儿。查理是一名敏锐的观察者、一位善于反思的思考者，也是一名长期研究领导力和沟通的学者。他像其他同事一样，十分了解我，见证了我所参与的每一次交流活动。我想你们会觉得他未经过滤的视角十分有趣，而他将以书面形式解释我们是如何进行联结的。但是首先得谈一谈我所认为的伟大的演讲者。

联结是一种可以习得的技巧

任何人都能够学会建立联结，但必须学着通过演讲来提升联结的能力。过去的四十年，我一直是一名学习如何演讲的学子。

每当我在听别人演讲时，我不只注意他们传达的内容，同时也会关注他们作为演讲者的风格和技巧。我偶尔会参加演讲者的活动，因为我喜欢听他们的演讲和分享，也很喜欢向他们学习经验。

几年前，我在加利福尼亚的圣何塞参加了一场会议，出席的人物阵容强大，多元有趣，我非常期待能同他们每个人都见上一面，听一听他们是如何演讲的。我想知道，他们每一位会怎样和听众建立联结，怎样进行有效的交流。

我一边做好听讲的准备，一边找了笔记本上的空白处，划了两栏，分别写着"联结者"和"非联结者"。当天结束的时候，我在联结者一栏写上了六个人的名字，而在非联结者一栏写下了另外四个人的名字。我当然不会说出那些非联结者的名字，（不过我敢肯定你们猜得出来是谁。）但我想向你们描述一下他们的交流风格：

非联结者一号：这位政治家的演讲全程单调乏味，他唠叨个不停，声音毫无生气，语气也不坚定。他的演讲似乎完全无视了我们，仿佛我们不存在。我们甚至都不敢确定他究竟在不在现场演讲！

非联结者二号：这是另一位政治家，这位演讲者十分和蔼。他有一种祖父般的气场。他演讲了大约 50 分钟，但完全言之无物。

非联结者三号：这是一位华盛顿的记者，她一直在用一种居高临下的口吻对公众演讲。显而易见，她觉得自己比我们所有人都优越。我知道她让我觉得相形见绌。她说的每一句话都明确地传递出这样一个信息：我知道一些你不知道的事儿。

非联结者四号：这位演讲者是一名出版商业书籍的作者，说老实话，我本来最期待听到他的演讲。但是，我却对他愤怒的举止感到讶异和失望。

无论是他的肢体语言、面部表情，还是他的语言，都呈现出一种消极的态度。我连五分钟都不愿意和他单独待在一起。而他的演讲从始至终都没有提供任何实质性的适用建议。

这四位演讲者都流失了听众。有的人几乎很快就令听众失去了兴趣，有的听众坚持得久一点。不难发现，当以上每一位演讲者的演讲结束时，听众们都松了一口气。但当剩下六位优秀的联结者登上舞台的时候，你能感觉到演讲厅里人们升起的希望。以下是当天与听众建立了联结的演讲者：

马克·罗素（Mark Russell）：作为一名另类的华盛顿圈内人，马克在哥伦比亚特区表演喜剧长达二十多年。马克使我们发笑，也引起了我们的思考。我敢打赌，他演讲的时候，一定问了近100个问题。每位听众都全神贯注。

马里奥·科莫（Mario Cuomo）：本次会议中最富有激情的演讲者正是这位纽约州前州长。他十分富有感染力，我能感受他的感受。他打动了演讲厅里的所有人。当他的演讲结束时，全场的听众都为他起立欢呼。

C.艾弗里特·库普（C. Everett Koop）：我必须承认，这位美国前卫生局局长惊艳到了我，我没有想到他竟然是如此优秀的演讲者。他是一位举例论证的大师。首先他会进行条理清晰的陈述，接着运用好的故事来支持这一逻辑结构，使其有血有肉。他好像用语言为每一个要点钉上了一枚图钉。当他演讲完毕时，我已经能背诵他提出的七个要点。

伊莉萨白·多尔（Elizabeth Dole）：这位前美国议员兼前红十字会主席让每一位听众都觉得自己就是她最亲密的好友。她带着一种随和的自信，让每个人都愉快地觉得不虚此行。

史蒂文·福布斯（Steve Forbes）：在当天我见到的所有演讲者中，我从史蒂文身上学到的最多。这位《福布斯》（Forbes）杂志的主编才华横溢，学识广博。从他口中吐露的任何内容听起来都十分新鲜。

科林·鲍威尔（Colin Powell）：当轮到这位美国前陆军将领

兼前秘书长发言时，每个人都感到舒适自在，他给了我们一种安全感。无论是他的嗓音还是举手投足，都透露出自信之气。而在他演讲的时候，我们每个人都对自己萌生了信心。更重要的是，他给了我们希望。

这一众优秀的演讲者之间有着很大的区别。他们有着不同的背景，采用不同的演讲方式，有着不同的价值观念，谈论着不同的主题，各自拥有不同的才华和技能。他们之间只有一个真正的相同点：他们都是优秀的联结者。这一点是所有伟大的演讲者和伟大的领导者的共同点。而联结是一种可以习得的技巧。

错位的沟通

并不是所有伟大的演讲者都是同一类型。但他们确实都具备建立联结的能力。这样的能力不是从天而降的。你不能像那些乘着马车穿越西部平原的拓荒领头人一样，指望凭着偶然的运气成功。当望风的人发现一朵乌云远远地朝他们飘过来的时候，他们知道自己遇到麻烦了。果然，一支南美的部落发出雷鸣般的声响，向他们冲了过来，于是领头人命令所有的马车队伍围成一个圈，躲在一座山的背后。

而当南美部落的首领看见在天空映照之下对方身材高大的领导者的剪影时，他决定会一会这位领导者，并尝试着用手语同他交流。不久之后，拓荒的领导者回到了他的队伍之中。

"发生什么事了？"其他拓荒者们问这位领导者。

"唔，可能你们也看到了，我们没法说对方的语言，"他说道，"所以我们决定用手语。我用我的手指在沙地上画了一个圈，表示我们是这片土地上的一个整体。当然，他认为这片土地有两个国家——我们的和他们的。但是我用手指指着天，暗示道，我们都是上帝的一群子民。接着他把手伸进了一个小袋子里，拿出了一个洋葱，将它给了我。当然，我明白他的意思，他是说，每个人都可能像洋葱一样有多层认识。为了表示我理解他的意思，我吃掉了这个洋葱。接着我从荷包里掏出了一个鸡蛋，以此表示我们的善意，但他太骄傲了，他不愿意接受我的礼物，而是转头扬长而去。"

而另一边的部落战士们做好了战斗准备，就等着他们的首领一声令下，但这位老战士却举起了他的手，讲述起了他的经历。

"当我们面对面的时候，"他说道，"我们很快就知道彼此有着不同的语言。那个人在土地上画了一个圈。我知道他的意思是我们被包围了。我在他的圆圈中间画了一条直线，告诉他我们从中间突围，把他们打得落花流水。接着他又举起了他的手指指着天，意思是凭他自己就足够对付我们。于是我给了他一个洋葱，告诉他，他很快就会因为战败和死亡尝到泪水的苦涩了。谁知他竟然轻蔑地吃掉了整个洋葱！接着他又拿出了一只鸡蛋，说我们完全是以卵击石。肯定还有其他人埋伏在附近。我们得离开这里。"

拉斯·雷（Lars Ray）将这个故事归结为沟通不畅。"我即将在墨西哥城完成公司的一项为期两年的任务。"雷写道。但他只懂一点点西班牙语，尽管和他一起工作的伙伴英语都很流利，但还是有些问题。"由于我们对词语理解的程度不同，这些词语又有着不同的意思——就像你在故事里描述的那样，我们常常遇到许多困惑和误解，还有许多沟通小事故，令人着实疲惫……"

正如牧师兼活动家杰西·吉利奥（Jesse Giglio）所说："交流过程中最大的问题是产生一种完成交流的幻觉。"

是什么吸引人们聆听

如果你想成为一名更好的演讲者或是领导者，就不能依赖偶然的运气。你必须学会充分利用你所拥有的各种经历和体验来联结他人。当我在聆听一些优秀的演讲者的演讲时，我注意到他们可以利用不少要素来吸引人们的注意。当你读到这儿的时候，请思考一下以下哪些要素是你可以用来与他人建立联结的：

人际关系——你认识谁

为什么数百万的人开始愿意听从心理医生菲尔·麦格劳（Phil McGraw）给予他们的关于生活的、爱的、人际关系的建议？（菲尔医生曾经做过律师的实验助手。）也是出于同样的原因，数百万人开始听从迈赫迈特·奥兹（Mehmet Oz）医生的关于健康的建议。两位医生都认识奥普拉·温弗里（Oprah Winfrey），并且都曾做客她的电视节目。毫无疑问，两位医生都有医师执照。麦格劳获得了心理学的博士学位，而奥兹则是心胸外科医生，兼任哥伦比亚大学教授一职。但是大多数人都不会关心这些。当奥普拉·温弗里的粉丝们知道奥普拉信任这两位医生时，他们也对这两位医生产生了信心。

赢得个人的、团体的，或者听众的信任的最快方法，是向一位已经赢得他们信任的人"借一下"信任感。

这是市场营销和口碑广告的基本所在。你所认识的人可以为你打开某扇与他人建立联结的大门。当然，门一打开，你还需要做点付出。

洞察力——你知道什么

大多数人都想改善自己的生活现状。如果他们发现有人能传达某些有价值的信息，他们通常都会聆听的。如果听到的内容对他们真的有所裨益，那么他们心中会很快生出对信息传达者的联结感。

在美国历史中，我最欣赏的一位人物是本杰明·富兰克林（Benjamin Franklin）。富兰克林有着非凡的职业生涯，也是美国的四大开国元勋之一。富兰克林几乎没怎么接受过正规的教育，虽然他只上了两年学，但广博的学识和敏锐的洞察力为他赢得了极大的尊重。由于极强的求知欲和浓厚的好奇心，他成了许多领域的专家，包括：印刷、出版、政治、公民运动、科学、外交领域。富兰克林不仅仅是一位富有创造力的发明家。在美国革命战争期间，他获得了法国的支持，建立了美国第一家公共图书馆。他也曾担任美国哲学学会的第一任主席，还帮助起草了《独立宣言》。

沃尔特·艾萨克森（Walter Isaacson）称赞富兰克林为"美国当时最富有成就的人"。他十分具有影响力，当他向人们分享他的智慧时，人们通常能在他身上感受到联结感。

如果你能慷慨地和大家分享你最擅长的领域，人们找到理由尊重你，也能和你建立起一种联结感。

成就——你做了些什么

许多人会询问我，为什么除了在当地教堂工作之外，我还能到别处去演讲。他们想要了解我的市场策略，想要知道我是如何成功打入市场的，但真相是，我从来无意成为这样的一名演讲者。人们慢慢意识到我在领导教会，促进教会发展方面所取得的成功，于是开始邀请我就成功经验发表一些讲话。

在美国，人们奉行一种成功文化。人们渴望成功，于是希望其他有所成就的人能给他们一些建议。无论你从事什么样的事业，只要取得了成功，总会有人想要听取你的成功经验。我想很多人都会认为，如果某人在某个领域取得了成功，那他一定掌握了某些有益于人们努力奋斗的重要知识。并且，如果这个人取得成功的领域与他们正在奋斗的领域相同，那二者之间的潜在联结会更加强烈。

能力——你能做些什么

通常在自己专业领域表现出色的人能快速赢得他人的信任。人们欣赏这样的人，希望成为这样的人，并能感受到与他的联结。当这样的人演讲时，人们都会认真聆听——即使他们擅长的技能与这个人分享的建议毫无联结。

请想一想迈克尔·乔丹。他通过代言赚得的钱甚至比打篮球赚得更多。这是因为他对代言产品的了解？并不是，这是因为他打篮球的实力。

奥林匹克游泳运动员迈克尔·菲尔普斯（Michael Phelps）印证了同样的道理。人们之所以愿意听他讲话，是因为敬重他在游泳池取得的成就。如果一名演员教我们应该如何开车，我们不会听，因为他根本不是这方面的专家。我们会听他说话是因为欣赏他的才华。是优秀建立了联结。如果你在某一领域具备极其优秀的能力，人们会因此想要同你建立联结关系。

给予——你的生活方式

特蕾莎修女受到全世界领导人的尊重和聆听。无论人们有着何种信仰，似乎都十分欣赏她。为什么呢？他们为什么要听一个生活在印度贫民窟的、身材矮小的教师的话？正是因为她无私给予的生活方式。

我相信我们的心会不自觉地倾向那些牺牲自我、遭受苦难的人。如果你做出了牺牲，有过悲惨的经历，或者克服了痛苦的障碍，很多人都会因此与你联结在一起。如果你能够在面对生活的困境时保持积极而谦虚的态度，那么你会赢得他人的敬佩，并能够与他人建立联结。

这五个联结要素只是开始。我确信你能想出人们建立联结的其他原因，关键是你必须利用自己所拥有的一切来与他人建立联结。你能掌握越多建立联结的要素，越擅长运用这些要素，那么你与他人建立联结的可能性就越大。你必须发挥自己的优势，形成自己的风格，并培养自己的技能，借此与人们建立联结。

学会联结是一个过程

为了让读者们对此形成正确的认识，我想讲一个故事，这样你们就会明白，我刚开始演讲的时候是多么糟糕。我想这个故事可以为每个人都带来希望。

当我在大学学习传道时，小教会常常会邀请一些有潜力的牧师前去为他们的会众布道。在我即将第一次进行这样的布道时，我陪着一位叫顿（Don）的朋友一起去了教会，这样我就能了解他第一次试着布道的情况。

顿在会众面前站起了身，开始演讲。但几分钟过后，他就泄了气。他支支吾吾了一会儿之后，迅速坐下了。每个人都十分震惊。

在开车回学校的路上，我一直告诉自己一句话："我布道的时间一定要长于 3 分钟。"接下来的一周时间，我利用空闲的每秒钟为我的就职演讲做准备。我一边准备，一边不停地往我的大纲里加入要点。到星期天的时候，大纲中已经有了九个要点。我丝毫没有想过要与我的听众们建立联结。我只有一个目标：坚持到比三分钟长的时间。

那时候我和玛格丽特订了婚，她陪着我一起去了小教会，因为这是我职业生涯中重要的第一步。当我布道完毕时，我感到愉快而满足。我觉得自己做得真的很棒。

在我们开车回小镇的路上，玛格丽特却是意外地沉默。我终于忍不住问她："我今天早上表现如何？"

"我觉得你第一次布道表现得不错。"她犹豫了一会儿后回答道。她听起来似乎不太热情，但我仍然备受鼓舞。

"我讲了多久？"

停顿了很长时间之后，她回答道："五十五分钟。"

我竟然一无所知！你能够想象得到，当会众离开礼拜仪式的时候，会怎么想吗？我完全不知道自己的布道是如此冗长而无趣。并且他们知道我对此毫不知情。但他们又能做些什么呢？他们出于礼貌，以至于都不太好意思走出去。他们被一个毫无经验、完全不知道如何演讲的演讲者俘虏了。他们宁愿是三分钟的顿在演讲。

所有伟大的演讲者一开始都十分不擅长演讲。

——哲学诗人拉尔夫·艾默生

这句话无比适用于我。我刚开始演讲的时候非常糟糕——是真的很糟糕。我花了很多年的时间才提高了自己演讲的能力。

当我认识到所有优秀的演讲者身上的共同点时，我的演讲才变好，那就是——建立联结。

我不知道作为演讲者的你有什么目标、具备什么样的潜力，也不知道你有什么样的梦想。但是我可以说：如果你能成为一名优秀的联结者，进而成为一名高效的演讲者，那么你很有可能实现这些梦想。《领导是一门艺术》（*Leadership Is an Art*）的作者马克斯·德普雷（Max De Pree）称："在我们努力完成有意义的工作和建立圆满的人际关系的过程中，没有什么比学习并实践交流的艺术更重要的事情了。"我非常认同。

如果你希望拥有和谐的人际关系，如果你想要取得个人的成功，又或者是想成为一名优秀的领导者，请联结你的目标。而要想做到这一点，请先学习演讲——如果你还没有学习的话，请研究高效的演讲者，观察怎样的演讲是有效的，思考是什么原因导致人们愿意倾听他人的话，并且开始在自己身上培养这样的特征。无论你到了何处，请仔细观察优秀的演讲者是如何同他人进行一对一交流的。如果愿意用心钻研，你将会变得更加擅长联结。

从各个层面与他人建立联结

联结的原则：联结是天赋更是技巧。

关键概念：你在一个层级所学到的建立联结的技巧是可以运用到下一个层级的。

一对一联结

大多数人觉得建立一对一的联结要比建立与团体和听众的联结来得更轻松。我认为一般情况下确实如此，因为他们更多时候都是在进行一对一联结，而不是与团体。要想克服在大规模团体前演讲的恐惧，你需要学会将你在一个层级上习得的技巧应用到下一个层级。而这一过程需要运用你在一对一联结时学到的技巧。

要想顺利建立一对一联结，你需要：

· 对这个人有兴趣。

· 为这个人增加价值。

· 将他的兴趣置于你的之前。

· 对这个人表达感激之情。

在团体中建立联结

一旦你开始建立起良好的一对一联结时，你就要总结一下自己发掘了怎样的技能，是运用了什么法宝才取得成功的。现在请思考一下你应该如何将这些技能法宝运用于建立与团体的联结。什么是能轻松转接借鉴的？什么是用于团体联结时所必须转化的，或是在一定程度上变形的？请使用这些技能。除此之外，请将以上提到的四个要点应用于一对一联结，并拓展这些要点的范围，将其应用于团体之中：

· 对团队中的每个人表示感兴趣。通过问每个人问题来展示出你对他们的兴趣。

· 通过向团队中的其他人介绍某一个人的价值来为这个人增加价值。

· 将增加团队中每位成员的价值变成自己的目标，并让大家知道这是你的意愿。

· 在其他人面前表示对每个人的感谢。

与听众联结

当你逐渐擅长与团体建立联结时，请再一次总结哪些技能促使你与他们建立起联结。试着预想一下哪些是你能在与更多的听众建立联结时派得上用场的。请记住：听众人数越多，你在演讲的过程中就需要投入越多活力。

要想开启建立联结的过程，请完成下列事项：

·展示出对你的听众的兴趣。如果可能的话，在演讲开始之前请先见一见你的听众，和他们打声招呼。在演讲的时候，请让大家知道，你充分了解每个人的独特性。

·为每个人增加价值，让他们知道，你花了很多时间来为演讲做准备，因为你重视他们，重视他们的目标，也重视他们的时间。

·以人为先，让他们知道你来到这里是为他们服务的。我个人是这样做到以上几点的：欣然回答问题、演讲完毕后与人们互动、为他们的书籍签名。

·请对他们以及对他们愿意抽出宝贵的时间表示感谢。

●● II

通过有效社交，为彼此赋能

6

找到基础的基础

打开与他人建立联结的大门是交流的首要原则，也是寻找共同点的基础。这是一条普适性的原则，适用于以下任何情形：化解与配偶的冲突、教育孩子、谈判交易、写书、主持会议、向听众传达信息。

我已经解释过了，在我的领导者和演讲者职业生涯早期，我对自己过分关注。只有当我逐渐意识到联结与他人有关的时候，我才开始完善自己。

如果你唯一专注的人只是你自己，你就很难找到与他人的共同点！

在我看来，当你了解了自己，你会开始更了解他人；但是要想达到另一个层次，你必须用心地去理解他人。弗洛伦丝·利陶尔（Florence Littauer）的《性格分析量表》（*Personality Plus*）一书令我幡然醒悟，它帮助我更好地与他人建立联结。我第一次认识到，不同的性格会导致人们产生不同的想法，做出不同的行为。这点认识可能对你们来说显而易见，但对我而言却有着大开眼界的重要意义。而且，我发现性格是没有对错之分的。说老实话，多年来我一直以为自己暴躁易怒的秉性高人一等，因此我试图将那些秉性与我不同的人变得和我一样。多么荒唐！我就像那位对丈夫的眼睛手术结果感到失望的女士。她告诉她的朋友："我们花了4000美元为他做眼睛的激光手术，但是他还是没法从我的视角来看问题！"

我依然在努力学习如何从他人的视角和思维方式来认识世界。最近我读了一本书，是特里·费尔伯（Terry Felber）的《我说明白了吗？》（*Am I Making Myself Clear？*）。作者表示，由于五感的不同，人们有着不同的表征系统，这也是人们有不同感受和想法的最主要依据。举例来说，如果几个人一起走到海滩，由于表征系统的不同，他们对这次经历的记忆可能截然不同。一个人记住的可能是当时阳光照射在身上和站在沙子上的感觉。另一个人记住的可能是海水的样子和落日的鲜艳色彩。第三个人也许能够描述海浪声和鸟儿的叫声，而另一个人可能会描绘海盐的气味和附近日光浴者涂抹防晒油的味道。我们每个人都创建了自己处理信息的框架。费尔伯表示："如果你能够学会准确解释身边人感知世界的方式，并真正地按照他们的方式来感知同样的世界，你将会惊讶地发现自己的交流变得多么高效。"这只是寻找共同点的另一途径。

是什么阻碍了关系更进一步

联结者始终在寻求建立联结的共同基础，这点似乎是显而易见的，因为所有积极正面的人际关系都建立在共同兴趣和相同价值观的基础之上。积极的人际关系建立在一致而不是分歧的基础之上。

但如果这是真的，为什么那么多人不注重寻求共同基础，并在此基础上建立关系？其中有很多原因。不过我想告诉你我所认为的四大不利于寻找共同基础的因素，你必须有所防范：

假设——"我已经了解他人的认知、感受和需求。"

所有的误解都是不同假设的结果。

——杰里·巴拉德（Jerry Ballard）

这样的结果往往是可悲的。但有时也是滑稽的，这样的情况发生在一位在机场等航班的旅客身上。这位旅客去了休息室，买了一小包饼干，接着坐下来看报纸。她注意到了一阵沙沙的响声，她朝声音望去，只见一位穿戴整齐的男士，正在吃饼干。

她不想大吵大闹，于是她靠了过去，自己拿了一块饼干，希望他能明白自己的意思。时间一分一秒地过去了，她认为自己已经成功了。但接下来她又听到了更响的沙沙声。她不敢相信，他竟然又打开了一袋饼干！

现在只剩下了一块饼干。她难以置信地看着这位男士，他将剩下的一块饼干掰成了两半，一块推到了她的面前，另一块喂到了自己嘴里，然后离开了。

过了一会儿，这位旅客的航班提醒乘客登机，可她还是觉得很生气。当她打开背包取票的时候，想象一下她有多么震惊尴尬，因为当她看包的时候，竟然发现了自己那包没有打开的饼干！

你难道不会像这个故事里的女乘客一样，认为这位男士吃的是她的饼干吗？这是我第一次读这个故事时的想法。这个故事反映了我们自己身上的不少情况。我常常因为自己对别人的揣测而感到内疚。在本应该继续观察的时候，我往往已经形成了结论。我们很容易给别人贴上标签，之后，对他们的看法也总是蒙着这样一层色彩。

请记住，所有的结论都可能是错误的，包括这一个。一旦某个人被整整齐齐放入了一个特定的盒子里，我们就很难对这个人有任何不同的看法。恰恰相反，我们应该把自己看作一名熟练的裁缝。这位裁缝每看到一名客户，就会拿出一把新的量尺。他从不会假设人们依然是他上次见到的模样。

即使对方是你亲近的人，对他人做出假设也不是明智之举。mywiredstyle.com 网站的创始人兼总裁德布·英吉诺（Deb Ingino）告诉我，她教过的学生中有一位年轻的单身母亲，当谈起她的儿子的时候，她有一大堆设想。这位母亲经常告诉她的孩子，他就像他的父亲一样。但问题的关键在于，这位男孩的父亲在监狱里服刑，母亲经常对父亲做出负面评价。她以为孩子知道自己对他的爱，而她不过是在描述他的性格特征罢了。但她的评价却对孩子产生了负面影响。因此她改变了和孩子交流的方式。德布说，现在她开始去发掘儿子的认知，培养并鼓励他发扬优势。这样一来，孩子的行为得到了显著改善，他们之间的关系也大有缓和。

你是否会根据他人的背景、职业、种族、性别、年龄、国籍、政治信仰、宗教信仰，或是其他因素而对他们做出猜想或假设？一旦你这样做，你将失去对他人的关注，错过那些能够帮助你找到并且取得共同基础的线索。尼日利亚作家奇玛曼达·阿迪奇埃（Chimamanda Adichie）说道："如果我们仅仅听到了一个关于某人或某个国家的故事，我们很有可能会对这个人和这个国家产生严重误解。"为什么？因为我们会假设这个故事就概括了这个人或这个国家的全貌，于是我们关闭了自己的大脑，不去做进一步了解。

如果真的变成了这样，人们是很难找到共同基础的。

傲慢——"我无须了解别人的认知、感受和需求。"

傲慢的人很少能站在共同的基础上与他人接触。为什么？因为他们从来不会做这样的尝试——他们确信自己应该没有这个必要，因为在他们的想象中，自己应该高人一等，他们不愿意纡尊降贵去照顾他人的水平层次。他们希望其他人能多花点力气来迎合自己。

与他人和谐相处的一大秘诀在于顾及他人的想法。最高法院法官路易斯·D.布兰代斯（Louis D. Brandeis）发现，生活中90%的严重争议是由于误解造成的，因为一个人没有意识到对另一个人而言重要的事，或者是一个人不认同另一个人的想法。

我们大多数人都愿意承认我们需要朋友帮点小忙。那些自以为什么都懂的人真是荒谬得无可救药。他们就像是经典喜剧《一家大小》（*All in the Family*）中的阿奇·邦克（Archie Bunker）。阿奇刚愎自用、心胸狭窄、偏执顽固，他希望每个人都能按他的要求来。

朋友们和家人们都遭到了他的羞辱。他的妻子——可怜的伊迪斯（Edith）往往是最受打击的那个。"伊迪斯，我们之间的问题在于，"一次他告诉她，"我讲的是英语，到了你的耳朵里就变成了傻瓜语。"

邦克是一个如此具有讽刺意味的人物，引得观众捧腹大笑。但如果现实生活中有人像邦克这样目中无人，这就不会是一件好笑的事情了。

四十多年来，我一直在研究领导者和演讲者，令人遗憾的是，大部分人在交流的过程中试图强调自己的能力或是观点。结果却是，他们傲慢的姿态在他们和他人面前竖起了屏障，因此他们很少能与他人建立联结。

> **如果你不关心房间里的每个人，就别想着和房间里的任何人建立关系。**

冷漠——"我不关心他人的认知、感受、需求。"

喜剧演员乔治·卡林（George Carlin）开玩笑说："科学家们今天宣布，他们找到了治愈冷漠的方法。但他们表示，没有人对这个方法表示出丝毫兴趣。"这可能是某些人交流时的情形。或许他们对于听众并没有什么优越感，但他们也不会费心了解听众，可能仅仅因为这是一件耗费心力的事。

因为演讲的行程安排，我每年都会到世界各地旅行。我发现这是一件非常具有挑战性的事情。因为我往往需要克服语言和文化的障碍。我一直在这些演讲活动中寻找共同基础，从而想出建立联结的方法，而我往往需要做大量的准备工作。

多年前，我曾和玛格丽特带我们的孩子乔尔·波特(Joel Porter)、伊莉萨白（Elizabeth）去俄罗斯。当时，由于苏联解体，该国正处于转型期。我被邀请到克里姆林宫发表一场重要的演讲。我为此做了不少准备，绞尽脑汁努力思考建立联结的方法。这时我灵光乍现：我们的女儿伊莉萨白嗓音甜美，正好她想得到一个机会为俄罗斯民众们唱首俄语歌。

为了唱好一首歌，伊莉萨白练习了很久，勤奋地学习语音。在活动现场，伊莉萨白起身歌唱，当听到俄罗斯语从她的口中蹦了出来时，观众们沸腾了。房间里的气氛瞬间变得十分活跃。当伊莉萨白唱完时，观众们的掌声如雷。她努力学习他们的语言来与他们建立联结，对他们来说意义非凡。正如南非前总统纳尔逊·曼德拉（Nelson Mandela）所说："如果你用一个人听得懂的语言和他讲话，他会记在头脑里；如果你用一个人的母语和他讲话，他会记在心里。"

最重要的是，冷漠真的是自私的一种表现。冷漠的演讲者只专注于自己，只在乎让自己舒适安逸，而不是尽其所能找到体恤他人的最佳方法。

如果你因为不曾努力去了解他人而难以与他人建立联结，那么请注意一下英国作家乔治·艾略特的这句话："除了自我的满足和小小的私欲，也试着去关心这个广阔世界里的一些其他事物吧。感受那些生活中偶然出现的美好之处。再将目光投向你的生活之外的地方，看一看人们遇上了什么困难，又是如何承受痛苦的。"不管你付出了怎样的努力，无论这样的努力多么渺小，大多数人都会从他们的角度出发对你所做的努力表示感激。

控制——"我不想让他人知道我的想法、感受和需求。"

寻找共同基础是一条双行道。一方面，关注他人并理解他人十分重要；另一方面，为人真实开放，让他人了解你也非常关键。当然，不是所有的领导者和演讲者都愿意保持真诚，开放自我。正如前美国海军上尉兼作家迈克·阿布拉莫夫（Mike Abramoff）所说："有些领导人觉得将他人蒙在鼓里不失为一种控制手段。但这样的做法显示出领导人的愚蠢和团队的失败。隐瞒并不能带来成功，只会造成孤立。知识确实就是力量，但领导者需要的是集体力量，也就需要集体的知识。我发现，更多人知道我的目标，我的队伍就能更加壮大——我们也能携手取得更多成就。"正如C.汉南（C. Hannan）所言，坚持到下一阶段的结果往往更好。汉南表示："试着向大家解释说明你的理由和背后的原因，人们对你目标的认识会加深，大家才有机会接受你的憧憬并为之奋斗！"

任何时候，如果员工察觉到某些信息未对他们公开，并且他们无权参与实现公司的目标，他们会感觉自己成了局外人。这样一来，员工们的士气会大大下降，他们的表现也会大打折扣。同样的道理，如果听众感觉到演讲者有所保留，或是发现演讲者扬扬得意地认为自己"深谙内情"而听众"一无所知"时，听众们会因此感到疏离。我喜欢吉姆·伦迪《要么领导，要么跟随，要么让路》(*Lead, Follow, or Get Out of the Way*)一书中的这一观点。

有些上级领导不愿意对员工透露真实情况，吉姆的这本书记录了这些员工们对此的反应。书中写到了"下属的悲哀"，原文是这样描述的：

我们这群毫不知情的人为一群忘恩负义的人做着我们无法理解的工作，追寻着无法实现的目标。

而"蘑菇农场的悲哀"在于："我们感觉自己被蒙在鼓里。每隔一段时间，就有人过来给我们施肥。我们一冒出菌帽，就会迅速被人砍掉。接着就会有人用罐子把我们封装起来。"

优秀的领导者和演讲者不会将自己与他人孤立开来，也不会故意把他人蒙在鼓里。恰恰相反，优秀的领导者和演讲者会让其他人知情，会让他们参与到现在正在进行的事情中，并且尽可能地让他们参与决策。如果你不愿意让他人了解你的为人和信念，那么你也无法与他们建立起共同基础。

培养建立共同基础的思维方式

大多数人认为，能否找到与他人的共同点有关天赋——有些人天生就是优秀的联结者，有些人注定在这方面有所欠缺。我虽然认同每个人建立联结的能力一开始的确有高低之分，但我也相信任何人都能够通过后天的学习成为更优秀的联结者。

联结是一种选择。

这是一种可以习得的思维方式。如果你想增加与他人建立联结的可能性，那么请在日常生活中进行下列选择：

空闲——我会选择与他人一起度过一段时光

我们必须花费时间才能发现与他人的共同点。有人曾告诉我，美国典型的职业高管对工作的注意力只能持续六分钟。

太可悲了。一个人在仅仅六分钟里甚至都不能站稳脚跟，何谈找到共同点。

空闲需要有意为之。汉斯·席费尔拜因（Hans Schiefelbein）写道："我在负责大型团体活动时，常常会与制作人保持亲密的联系，或者我会像导演一样为大预算电影四处奔波。我希望自己看起来举足轻重，这样一来我就没有了空闲。这样凸显自己重要性的做法也许根源于自我价值感，可能区别于寻求共同基础，但也许它已经成了一股把领导者从'空闲'中拽出来的拉力。"

作为一名领导者兼演讲者，我始终树立着"为他人留出空闲"的目标。当我与朋友和家人们共度时光时，我不会断开与他们之间的联结，我一直十分投入；当我作为某一场会议的演讲者时，我会为听众们签书，并利用中场休息的时间与他们交谈而不是放松自己。当我在当地教会担任牧师的时候，我为自己和员工们制定了一条礼拜日规定：只要有人在教堂，就不得举行秘密会议。我希望员工们能慢慢地穿过教众，能随时有空为他们提供服务。我也一样有空闲，我会问候教众、与他们闲谈、谛听他们的倾诉。我不仅因此与他们建立了一对一联结，在演讲的时候也更关注他们。

倾听——我会努力通过倾听来发现共同点

我幼年时常常会和朋友们玩"冷还是热"（Hot or Cold）的游戏。如果你与当时的我年纪相仿，也许玩过这个游戏：一个孩子离开房间，剩下的孩子负责把一个物件儿藏起来。这个孩子回到房间的任务就是找到这个小物件儿。他环顾四周，其他孩子会提示他现在是变冷了（他离这个物件更远了）或是变热了（离这个物件更近了）。

当他离这个被藏起来的小东西真的很近时，有人就会告诉他："你现在热得发红，你快要着火啦！"

我相信人们在每天的日常生活中会玩各种"冷还是热"的游戏。他们寻求成功，却毫无头绪。他们正在寻找与自己有着相同价值观的人，却无迹可寻。

如果你是一位领导者或一位演讲者，你将拥有帮助他人寻求成功和寻找价值观相合之人的机会。但要想做到这一点，你需要学会倾听。你还有了解他们所寻求之物的其他途径吗？

寻求共同基础需要我们关注他人。索尼娅·哈姆林在她的《怎么说别人才会听你的》一书中指出，大多数人因为"以我为先"这个因素而觉得寻求共同基础比较困难。她写道："倾听意味着放弃我们人类最爱的娱乐消遣——沉浸于自我的世界和专注于自己的兴趣爱好。"

这是我们最原始的、完全出于人性的关注点所在。
同样也是我们做任何事的动力所在。

在此基础上，当有人要求我们去倾听别人的讲话时，你能发现问题出在哪里吗？

索尼娅是怎样解决这个问题的呢？"当你试图让他人理解你所表达的内容时，请务必让每个人都聆听你的发言，"她建议，"你必须一直回答听众出于本能所想到的问题：'为什么我得听你讲的话？如果我听了，我能得到什么好处？'"无论何时，如果你愿意倾听他人，并且弄明白自己传达的信息如何才能满足他们的需求，那么你将会找到取得共同基础的方法。

提问——我对别人有足够的兴趣，因此会向他们提问

现代管理之父彼得·德鲁克（Peter Drucker）表示："作为顾问，我最大的优势就是无知和问问题。"多好的一种寻找共同点的方法。在我的演讲者生涯中，我一直遵循着这条建议，它已经成了我的习惯。每当我需要面向一家公司进行演讲的时候，我会提前打一通电话，提出一些问题，增进对对方公司的了解。有时候我会在演讲开始之前先提问题。通常情况下，我会问："请问在座的诸位中有几位是来自商界？几位来自教育界？政界的又有几位？宗教界的又有几位？"通过问这些问题，增进了我对听众们的了解，也让他们知道，其实我想要了解他们。

电视主持人拉里·金进行了数千次采访，他认为，良好对话

的秘诀正是在于提问。金在《如何在任何场合任何时间同任何人交谈》（How to Talk to Anyone, Anytime, Anywhere）一书中写道："我对一切事情都很好奇。参加鸡尾酒会时，我常常会问那个我最喜欢的问题：'为什么？'如果一个人告诉我，他和家人们要搬到另一个城市，我会问为什么；如果一位女士要换工作，我会问为什么；有人支持大都会队（the Mets），我会问为什么。我参加电视节目时，使用这个词语的频率可能是最高的。这是有史以来最伟大的问题，也将一直是最伟大的问题。同时这也一定是保持谈话的新鲜与有趣的最稳妥、可靠的方法。"

如果你不是特别外向，或是没法轻松地提问，那么你可以借鉴杜克·布雷库斯（Duke Brekhus）从任伯谊（Ron Puryear）身上学到的技巧。请记住"形成"（FORM）这个单词，它代表着家庭（family）、职业（occupation）、休闲（recreation）、要旨（message）。公爵评论道："当我们围绕这几个话题提出问题时，我们会惊奇地发现，自己能对一个人有多么深入的了解、能以多么快的速度认识一个人。"

体贴——我会考虑他人，并想办法对他们表示感谢

20 世纪 70 年代，我在俄亥俄州兰开斯特一座发展迅速的教堂供职，我的日常生活充斥着各种预约和各种需要花费时间处理的委托。由于教堂人手不足，我常常感觉自己的日程安排十分紧张。

一天，我注意到预约日历上的一个名字，据我估计这个名字不该在这儿。尽管这个人是我们教会的成员，但他不是领导。当时我正努力把注意力集中在 20% 的领导人身上。

我很不耐烦地询问我的助理，这个人到底想要什么。当我的助理回答说她也不知道的时候，我彻底恼了。

当乔来我办公室的时候，我有了一个计划——让他进来，并且让他尽快离开我的办公室。

"我能为你做点什么？"他一坐下来我就马上问道。

"什么都没有，牧师。"他的回答出乎我的意料。"关键是我能为你做点什么？过去几周里，我一直在问自己这个问题。当我最后终于想出一个答案的时候，我就预约了今天。约翰，我知道你的日程很满，你非常忙。我想为你跑跑腿。如果你有可以列出来让我为你办的事项清单，请交给你的助理，我会在每个星期四的下午抽空为你把这些事办妥的。你觉得可以吗？"

我很震惊，也很羞愧。多么体贴的建议！接下来的六年时间里，乔每个周四都会帮我办事。那一天，他教会了我许多寻找共同点的方法。他也成了一位我十分感谢的朋友。如果你能表现出这样的体贴，那么你也会找到与他人之间的共同点。

开放——我愿意让他人走进我的生活

最近我有幸与前参议员兼共和党总统候选人鲍勃·多尔（Bob Dole）共进晚餐。我们就领导力、政治、世界大事进行了一系列有趣的讨论。那天晚上我向他提到了一件事：他的夫人伊莉萨白·多尔（Elizabeth Dole）在 1996 年共和党大会上进行了履职演讲，我对此印象深刻。令人吃惊的是，她离开了讲台，走近观众，说道："一直以来，你们大家所了解的传统是共和党全国代表大会的演讲者们会一直站在这个气派的讲台上。但是今晚我想打破这个传统，有两个原因——一是，我马上要和我的朋友们讲话；二是，我马上要谈一谈我爱的那个男人。这样走下来和你们讲话，让我觉得更舒服。"伊莉萨白·多尔找到了一种对听众表示开放的方法，并与观众产生了共通感。

交流中最重要的是保持开放的态度，在开放中寻求与他人之间的共同点。实际上，英语"交流"一词来源于拉丁语的"communis"，是共同的意思。只有当我们找到共性的时候，我们才能进行有效的沟通——如果我们能找到越多的共性，就越有可能进行高效的沟通。

但这件事并非对每个人而言都那么轻松。米歇尔·帕克（Michelle Pack）就明白其重要性。她说："我可以连续几个小时听其他人说话，主要是因为这是人们最需要的事情——被倾听。但是，由于我曾遭受过情感上的抛弃，我关闭了自己的心门，不愿与他人分享自己的心声。一位渴望交流的人这样写道，这是我需要推倒的一堵最高的墙。"交流总是需要双方的参与，并需要双方都保持开放。

讨人喜欢——我关心他人

曾任总统沟通顾问的罗杰·艾尔斯认为，公众演讲中最具影响力的因素是讨人喜欢。他表示，如果人们喜欢你，他们会听你讲话；如果不喜欢，则不会。那么，怎样才能成为一个讨人喜欢的人呢？

大家都喜欢那些喜欢他们的人。

如果他人知道你关心他们，他们会聆听你讲话的。当我还是一名牧师的时候，我常常这样向我的员工们表述这句话：人们不关心你知道多少，但他们关心你有多在乎他们。

格蕾丝·鲍尔（Grace Bower）在评论中告诉了我关于她的女儿露易丝（Louise）的故事。当露易丝还是奥克兰的一名青年大学生时，她的朋友维多利亚（Victoria）和菲尔（Phil）有了第一个孩子。露易丝同他们关系亲密，因此想要为他们做点什么。她试着站在他们的角度，想象他们初为父母，最需要的是什么。当小宝宝安德鲁(Andrew)六周大时，她有了为他们买点生活用品的想法。

每周露易丝都会拿起维多利亚的购物清单看一看，带上钱，走出家门之后她就会走到商店。露易丝十分细心，当她发现清单里面的重要物品快要用完时，她就会为他们购买这些用品，因为她知道维多利亚和菲尔需要这些。他们很高兴，他们真正地感受到了她有多关心他们。两年之后，这对夫妇有了第二个孩子，露易丝又一次为他们买用品。谁不爱像这样的朋友呢？

请想一想你最敬爱的老师。我敢打赌，他们是招人喜欢的老师。请回想一下你童年时代印象最深刻的邻居。他们招人喜欢吗？那么你的校友或是亲友又如何呢？或是你最棒的老板呢？

他们都是招人喜欢的人！拥有这样的品质的人极具吸引力，人们会因此想要与这样的人建立联结。

谦逊——我会尽量少考虑自己，这样我就能多为他人考虑

谦逊意味着了解并利用自己的长处来造福他人。
——诗人、新闻工作者兼编辑艾伦·罗斯（Alan Ross）

谦逊的领导者并不弱势，相反，他们非常强大。他们不会只顾自己，而是会思考如何最大程度地利用自己的优势来为他人谋福祉。

谦逊的领导者不会贬低自己，而是在实现有价值的工作的同时考虑他人的需求。我喜欢同一位谦卑的领导者待在一起，因为这

样的人能激发我最好的表现。他们关注的重点是我的目标、我做出的贡献、我完成计划的能力。多么了不起的看法。过分谦卑是对真正值得赞美的长处的轻视。

傲慢则是对某人的长处的过分恭维。谦逊的真谛在于提升他人的价值，使其得到赞美。

许多年前，我应邀参加了为期三天的会议的闭幕仪式，现场有许多人进行演讲。连续两天，我坐在观众席上，遭到各种成功励志故事的猛烈轰击。每位演讲者都有着美满的家庭、成功的事业、卓著的社区工作。所有的演讲者都分享了成功建立公司、赢得人心的故事。我发现似乎每位演讲者都试图显示自己比上一位演讲者更加成功。

到了第三天，我已经难以承受，大脑过载了。这些演讲者令我生畏。同他们相比，我的才能、经验、过往的业绩与成就似乎微不足道。我相信听众们同我有一样的感受。他们认为自己同这些演讲者之间有着不可逾越的鸿沟。听众们士气低沉，可以说，他们失去了信心。

午休时间，我考虑着如何才能扭转局面。需要一个人与听众们建立起联结，缩窄这条鸿沟。我灵光乍现，知道自己该做什么了。我放弃了之前准备好的演讲稿，迅速开始编写新的演讲大纲。演讲的主题应该是关于失败，而不再是千篇一律的成功。我将其命名为"惨败、失败与失误"。我将自己曾经犯过的最严重的错误、最糟糕的想法、作为领导者遭遇的最惨痛的失败经历都写入了这篇新的演讲稿中。每个人总有那么一两次被生活所击倒的经历。而这正是我寻找共同基础的关键所在。

我站到演讲台上，坦白自己已经被成功的话题压得喘不过气来，我想听众们大概也有这样的感受。在接下来的一个小时里，我向大家分享了自己分别作为领导者和普通人时所遭遇的挫折。我承认我对自己参与领导的团队组织表现得如此出色而感到诧异。随着我真诚分享的每一个失败故事，我和听众之间靠得越来越近，我们找到了共同基础。他们与坦诚的我产生了联结。在演讲结束的时候，我告诉听众们我相信他们，而听众们起立欢呼，因为他们对自己的前景感到激动不已。他们相信，如果我能够取得成功，那么他们也可以。

如果你想对他人产生影响，请不要谈论自己的成就，而是谈谈自己失败的经历。

民权运动家科内尔·韦斯特（Cornel West）表示："谦逊有两个特征，一是拥有自我批评的能力；二是允许他人闪耀光芒、肯定他人、赋予他人力量和能力。而那些缺乏谦逊品质的人总是武断又任性的，以此掩盖他们身上更深层次的不安全感。他们觉得他人的成功，是对自己的名誉和荣耀的一种损耗。"

那么你又是如何将这些想法付诸实践的呢？推荐你听从牧师兼作家里克·沃伦（Rick Warren）的建议，她认为谦逊来自：

· 承认自己的缺点
· 对他人的缺点耐心包容
· 乐于纠正错误
· 带给他人高光时刻

对他人践行以上几种行为，你将与他人建立起联结，他们也会倾听你说话。

适应——我将会从我的世界走向他人的世界

中世纪学者托马斯·阿奎那（Thomas Aquinas）断言："要想改变某人，你要亲手牵住他们，指引他们。"要想让他人移动位置，我们必须首先移动到他们所在的位置。我们必须改变自己来适应他人，努力从他人的角度来看问题。

20世纪40年代，造船业大亨亨利·J.凯泽（Henry J. Kaiser）竭尽所能，对当时的造船行业进行了彻底的改革。为了每天与全国各地的主管人员维持数小时的电话联系，这位大亨一年的话费开销高至约20万美元。他会安排各地的员工一同参加电话会议，而当时电话会议完全不普及。

也许他没办法亲临每位领导者的管理部门，但他做了一件更棒的事情。

乔尔·多布斯表示，当他在一家大型的日本企业担任高管的时候，他很难与日本人建立联结。"在尝试运用最基本的词汇之外的语言时，你必须格外小心谨慎，"乔尔解释道，"因为语言文化是一个雷区。由于我们的大部分工作交流依赖译员，我们的交流变得不再私人化，我们之间的关系也因此变得更加复杂。我发现一起吃饭、努力尝试并享受菜单上出现的一些陌生的菜品，对于促进巩固我同他们之间的关系大有帮助。"

无论何时，当你意识到你与想要建立联结的对象之间存在着巨大的鸿沟，如果你不能拉近与他们的实际距离，明智之举在于尝试靠近他们的精神世界，接着在你个人的背景及经历中寻找与他们相关的事物。这正是我在20世纪80年代所做的努力，也是在那时，我的领导力和部门开始得到全国的认可。当时，查尔斯·富勒学院（Charles Fuller Institute）邀请了来自全国各地较小的教堂的牧师，为他们举办了名为"突破200个障碍"的研讨会。我受邀

来教授课程，深知这将会是一个挑战。我当时领导的教堂有 2500
名会众出席。我要怎样暂时撇开自己的几千名会众，特别与这些来
自小型教堂的牧师建立联系呢？更重要的是，我又该怎样让他们了
解我呢？

我花了很长时间来了解他们生活的世界、他们面临的挑战，
以及他们的梦想。突然，我灵光一闪：我曾经在希尔汉姆的教堂供
职的经历足以成为我们建立联结的共同基础。这所教堂曾经是规模
最小的教堂之一，而在我的领导之下，其规模扩大了 200 多倍。
我可以为这些牧师们介绍我是如何发展壮大这个小教堂的，而他们
能够了解我的经历，并因此制订出自己的发展计划。

这一策略奏效了。通过几场会议我们建立起了联结，他们从
我的经历中学到了经验，数千名牧师将会继续发展自己的教会。

无论何种情况下，当你不确定应该如何弥补沟通过程中的鸿
沟时，请务必不要从一开始就展示自我。请从一开始就走到对方所
在的位置，从对方的角度来看待事物。请适应对方——不要指望对
方来适应你。

如何高效地建立联结

愿意从他人的角度看待事物确实是找到共同基础的秘诀所在，
而找到共同基础是建立联结的窍门。就算你仅仅只尝试，在生活的
方方面面，你的沟通质量都会因此大大提升。因为从他人的角度看
待问题是如此重要，所以我想告诉你四个有利于更高效地建立联结
的提示。

询问"你想过我的感受吗？"之前，请先问"我有体谅到你的感受吗？"

有效的沟通将带领人们开启一段旅程。我们只有站在他人的角度，才能与他们建立联结，带领他们到达我们最终的目的地。

美国西南航空的创始人赫布·凯莱赫堪称有效沟通的大师。赫布一直同西南航空的员工们保持着密切联系。他曾到访全国各地，面见航空公司各个层级的员工，上至高管和空乘，下至机票代理和行李搬运员，他都会花些时间和他们聊一聊。赫布了解他们的感受，因为他去过他们工作的地方，他站在他们的身边，体验了他们的工作内容。

因为赫布的这种态度和举动，他同大家建立起了共同基础，同时也打破了员工和雇主之间的屏障。他手下的员工们爱戴他、愿意倾听他的话也就不足为奇了。

如果你想找到与他人之间的共同基础，首先需要做的是了解他们的感受。如果能同他人建立情感层面的联结，那么建立起其他层面的联结也会轻松得多。

询问"你是站在我的角度考虑问题吗？"之前，请先问"我是否站在了你的角度考虑问题？"

身为一名领导者兼演讲者，多年来我一直对那些同我看法一致的人抱有热情。如果公司没有如我所愿地取得进步，那么我往往会产生这样的想法：如果其他人能站在我的角度来看待问题，那么我们将会前进。但实际上，问题的关键在于我希望其他人都能首先站在我的角度考虑问题。更严重的是我会先入为主地认为每个人都是从我的角度来看问题的。这样的误解会让人变得士气低迷，有时候甚至还会闹出笑话。

1903年12月17日，奥维尔·莱特（Orville Wright）和威尔伯·莱特（Wilbur Wright）在北卡罗来纳州的基蒂霍克试飞飞机成功，于是他们向位于俄亥俄州代顿的妹妹发了一封电报，让妹妹知道他们所取得的这项伟大成就。电报上是这样写的："第一次飞行持续59秒。有望圣诞节前返家。"

得知这一消息的妹妹激动不已，她冲进了当地报社，将这封电报交由报社编辑报道。第二天早上，只见报纸的标题赫然写着："受欢迎的本地自行车商将返家度假！"

这名编辑究竟是怎样弄错了这则真实的新闻？原因在于他并不是从奥维尔和威尔伯的妹妹的角度来看问题。并且妹妹也没有向编辑特别确认过任何事情。对于如今的我们来说，这样的误解似乎十分可笑，但我们却会因为类似的感知差异而感到内疚。

比如，在2000年，我参加了我母校瑟克尔维尔高中第35届班级聚会。我当时十分兴奋，因为这将会成为我人生中第一次班级聚会。我已经迫不及待了。而当我环顾四周，却发现身边这么多人都面容沧桑时，可以想见我有多么惊讶。我觉得自己要比周围所有人看起来都年轻有气色。但我敢打赌，他们看到我时也会同样诧异：约翰怎么看起来这般饱经风霜。

人们可能在同一时间同一地点产生同样的体验，但他们也可以抛开这些因素，发现截然不同的视角。优秀的联结者能够把握这样的规律，并且努力率先从他人的角度出发考虑问题。

30多年前，我有幸在一次领导人会议上同保罗·里斯（Paul Rees）进行了交谈。彼时保罗已经八十多岁了，以其敏锐的洞察力和深沉的智慧而闻名，而当时的我正值而立。到了会议的问答环节，有人向保罗提问："如果你能够重返过去，改变一些事情，你会选择做什么呢？"我一辈子都忘不了他的回答。

"如果我能回到那段我还是一位年轻爸爸的时光，"他这样答道，"我会更加努力地以我的孩子们的眼光来看待事物。"他进一步解释道，由于急于希望孩子们能首先从他的视角看问题，他错过了不少教育孩子们的好机会。从那天开始，我许下承诺，以后在要求他人站在我的角度看问题之前，先站在他们的角度看问题。

询问"你是否了解我所了解的内容？"之前，请先问"我是否了解你所了解的内容？"

身为一名领导者兼牧师，多年来，我一直尝试帮助人们解决人际关系中的冲突。当我让身陷冲突的人坐下来心平气和地交流时，大多数情况下他们最强烈的意图是从他们自己的角度出发表达自己的观点。他们想要确认，自己已经充分表达了自己的观点。如果是他人与我产生了冲突，我通常会让对方一直讲话，直到他变得"精疲力竭"，这时就轮到我问问题了。

我只有在了解对方了解了多少情况之后，才会尝试着向对方分享我所了解的内容。在还没有了解问题始末之前就草草得出结论是十分愚蠢的。

亚伯拉罕·林肯说过："我在准备规劝他人之前，会花三分之一的时间来反思自我，思考接下来该说些什么，而剩下的三分之二的时间我会用来思考对方会说些什么。"如果想要找到共同基础，我们也应该好好效仿林肯的做法。

在询问"你是否知道我想要的究竟是什么？"之前，请先问"我是否知道你想要的究竟是什么？"

教堂的负责人很清楚教众的出席率通常是有周期变化的。夏天里大多数教堂的出勤率会下降，这是因为人们要么去度假，要么在周末多花时间参加户外活动，要么是因为随着孩子们的假期到来而不断增强的责任重担已经使家长们疲惫不堪。

当我负责领导教会的时候，我每年都会尝试做点什么来维持夏天的出席率。多次的徒劳无功之后，我终于找出了答案。一次春天的集会时，我告诉会众们，夏天我将发表一系列题为"有求必应"的布道演讲。我鼓励每位与会者说出他们最希望我能谈到的话题，我会从中选出呼声最高的十个话题。成千上万的会众参与了这次活动，我们从中选出了前十个话题，接下来的整个夏天我的布道演讲都将围绕这些话题展开。而到了那一天时，与会的会众有增无减。为什么会这样？因为我明白了人们想要了解什么。

知道与了解之间千差万别。也许对某一情况知道不少，但却不一定是真的了解这一情况。
——发明家查尔斯·F. 凯特林（Charles F.
Kettering）

对人也是如此。你可能对某个人知之甚多，却依然不是真的了解他。掌握更多的信息却不一定等于掌握了答案。要想真正地了解他人，你必须知道他究竟想要什么，而这需要你不仅用头脑更要用心思考。

如果我真的想要了解一个人，我会问三个问题。凭借这个人给出的答案，我能够深刻了解其内心的真实想法。这三个问题是这样的：

· 你的梦想是什么？
· 你歌颂什么？
· 你为什么而哭泣？

如果你知道这些问题的答案，那么你就能够找到与他人之间的共同基础，并同他们建立联结。我实在想不到在交流过程中会有什么比找到共同基础更重要的了。人们可以在共同基础之上讨论分歧、分享想法、找到解决方案并开始合力创造出某些事物。人们总是将交流视为向他人传输大量信息的过程。但这样的看法是不对的。我之前已经提到，交流是一趟旅程。人与人之间的共同点越多，越有可能共同开启一段旅程。

从各个层面与他人建立联结

联结实践：联结者在共同基础上建立联结。

关键概念：了解你本人及你的听众们想要交流的原因，建立起一座桥梁将这些原因串联起来。

一对一联结

人们聚在一起交流都是有自己的原因的。你必须清楚自己和他人想要交流的原因，并找到能将这两种原因联系起来的方法，这样才能在共同基础上建立联结。找到共同基础的关键在于清楚如何让这次交流变成一次双赢的互动。

在一对一交流过程中建立共同基础之上的桥梁要比在同多人交流的过程中更容易，因为你更容易从对方身上获得及时且连续的反馈。要想找到共同基础，在向对方提问的过程中请注意寻找共同兴趣和相似经历。你可以通过讲故事、分享感受和从中获得的经验教训来寻找共同点。可能的话，可以做些两个人都喜欢的事情。

在团体中建立联结

在团体背景中寻找共同基础是比较困难的，因为你无法将注意力仅仅放在一个人身上。（把注意力集中在一个人身上就有可能失掉对其他人的关注。）

那么该怎么做呢？请问自己："我们缘何聚在一起的？"这个问题的答案往往是找到共同基础的有效起点。

如果这个团体是被迫聚在一起的，那么请问自己："我们所有人的共同目标是什么？"请牢记这个目标，承认个体之间的差异，同时认可他们通过运用自己独有的技能为实现这一目标所做出的贡献，提醒他们大家共有的目标比个人扮演的角色更重要。当团体取得一定程度的成功时，请一起为之庆祝。

与听众联结

当人们听别人演讲时，他们希望从中有所收获的心态会起到积极作用。理想的听众们往往最先想到的就是这一点。而一位不太友好的听众可能不会这样想，但是如果他们在听的过程中发现演讲内容是对他们有利的，也许他们会因此打开心门。下一次对听众演讲的时候，请务必善用观众的这种渴望，同他们在共同基础上建立联结。请运用以下几种方式：感受、体会、发现、寻求。

·感受：请尝试着去体会他们的感受，并对他们的感受给予认可与确定。

·体会：让他们知道你与他们有着相同的体会。

·发现：同他们分享那些你发现对你有帮助的事物。

·寻求：主动协助他们去寻求那些对他们的生活有所裨益的事物。

7

有效社交需要做到化繁为简

几年前，我曾上过一个脱口秀节目。主持人拿着我的几本书说：
"约翰，我看了你的这几本书，这些书都挺浅显易懂的。"他的语
气、肢体语言、举止都充分地向我和观众们表明这可不是什么夸奖！

我的回答直截了当："的确如此。我书中的原则方法确实直
白易懂，不过不一定容易执行。"观众们爆发出了掌声，而主持人
也承认我说的有道理。

简单即伟大

牧师伦尼·丁（Ronnie Ding）告诉我，有一次他在礼拜仪式
结束后同会众们握手时，一位会众这样说道："牧师，您比阿尔伯
特·爱因斯坦还要聪明。"

伦尼对这突如其来的赞美感到受宠若惊，但他不知道应该如
何回应。实际上，他对这评论思考得越深入，心中的疑惑越是强烈。
甚至因此一个星期都没睡上好觉！

到了礼拜天的时候，他终于问了这位会众他究竟是何意思。

"您瞧，"这个人这样答道，"阿尔伯特·爱因斯坦写的东西太难了，所以当时只有十个人能理解他。但您布道的时候，没有一个人能理解您的意思。"

如果一个人（作家和演讲者尤其如此）提供了大量烦琐而复杂的信息，或是其作品读起来文辞艰深，晦涩难懂，那么这个人在某种程度上一定是聪明可靠的——我相信很多人都有这样的想法。尤其是学术界，这俨然是真理。在学生们还不了解教授之前，他们往往都会产生这样的看法，因为教授的睿智与博学是他们所不及的。但我认为其实不尽如此。正如房地产经纪人休·卡顿（Sue Carton）所说："如果你试图运用冗长刻板的语言来打动人心，那么你是无法建立联结的，听众们完全是在等待酷刑的终结。"通常这样的情况下，老师们都不会是好的演讲者。教育工作者们往往会将简单的事情复杂化，而演讲者的职责在于将复杂的事情简单化。

前《新闻周刊》商业编辑约翰·贝克利（John Beckley）在其出色的著作《小词的力量》（*The Power of Little Words*）中指出："我们很少把教育事业的重心放在简单而清晰的思想交流上，而是鼓励学生们运用生僻的词汇表达和复杂的句式结构来展示我们的学识和素养……我们的英语教学并没有教会我们如何尽量清晰明确地交流沟通，恰恰相反，我们学到的表达方式却是佶屈聱牙，令人云里雾里的。这样的教学方法甚至让我们产生了一种如果写作不够繁复，在他人眼中就等同于未受过教育的恐惧。"

相信每个人都赞成：我们在生活中所面临的许多事情都有可能被复杂化了。一位教授也许能辩称自己所研究的领域本身就是复杂的，但作为领导者和演讲者，我们的工作是阐明一个话题，而不是将其复杂化。

发现问题所需要的技巧远没有找出好的解决办法需要的技巧多。

衡量一位老师是否优秀的标准并不在于他的学识有多渊博，而在于他的学生的学识有多少。

简化事物是一项技巧。如果你想要在交流的过程中与他人建立联结，那么这将是一项必要的技能。

或者借用阿尔伯特·爱因斯坦的话："无法简洁地解释一件事，说明你对它还不够了解。"

1994 年，我聘用了具备一定学术背景的查理·韦策尔来协助我进行写作研究。查理获得了英语学位，并且在同我工作之前，他曾在一所商学院兼任老师和教务长。如果有人想要协助我进行有效的研究，他必须清楚我需要哪种材料。不能与人建立联结，只是单纯的纸上谈兵于我而言毫无意义。

我曾请教过其他作者，应该如何培养一个人帮我完成这样的任务，但他们都没太说出个所以然。所以我和查理亲自制定了培养计划。查理会阅读一本名人名言集，他会标注出其中他认为不错的名言警句，接着我也会阅读这本书，并且标出其中我认为好的句子。当我们将各自标注出的内容进行对比时，竟然发现我们选取的内容相差度达到 90%！查理选取的内容大多冗长烦琐、咬文嚼字，映射出他的学术背景。

他表示他在找一些见解深刻、奥义精深的名言。但我想说的是，一个人认为这是深刻洞见的素材，而另一人则认为这是治疗失眠的方法。所以我教给了他选取好材料的标准。我需要的名言和示例必须至少符合以下四个范畴中的一个：

· 幽默——能引人发笑的内容

· 真情——能调动情绪的内容

· 希望——能激励人心的内容

· 帮助——切实有用的内容

虽然这四大要点可能看起来简单轻松，但效果却是事半功倍。

按照这样的标准，我和查理尝试标注了另一本名人名言。这次我们的素材的相差度在 50% 的范围内。过了几个月后，我们搜集的内容的相似性最终达到了 90%。

如今，15 年过去了，查理已然明白我当初想要的是什么。他几乎读懂了我的所有想法，写作风格也与我贴近。他清楚我的意图、我的特质以及我的激情。他会采纳我选取的素材，并将之进一步优化。他会对我的写作进行润色，改善我所想要表达的内容。更重要的是，我们一直共同致力于简化事物。

简化并不是一件轻松的事。数学家布莱斯·帕斯卡尔（Blaise Pascal）曾写道："我花了比平时更长的时间来写这封信，因为我没有时间来简化它。"要想使各种各样的通信变得简洁、精准、深刻，是需要耗费巨大的努力的。

简单即伟大。

——哲学诗人拉尔夫·艾默生

优秀的演讲者能够十分清晰地向听众传达信息。而糟糕的演讲者常常令听众十分困惑。

跨文化交流的要点

保持简洁的交流并非易事。当我前往世界各地，尝试在各种各样的观众面前演讲，同形形色色的人交流时，我对这一点的认识格外深刻。跨文化建立联结需要投入大量体力、精力、情感。而这样的联结有时会招致令人啼笑皆非的结果。以下是在世界各地发现的一些有趣的英文标志：

· 曼谷的一家干洗店：裤子脱这儿，最是干净。

· 意大利的一家酒店指南：这家酒店因平静与清寂而闻名。实际上，世界各地的游客蜂拥而至来享受该酒店的清寂僻静。

· 东京的一家酒店：禁止偷窃酒店毛巾。如果您不是这种人，请忽略本条。

· 布加勒斯特一家酒店大堂：电梯将于次日维修，抱歉在此期间您将无法忍受（无法使用）。

· 雅典的一家酒店：希望客人每天上午 9 点到 11 点到办公室投诉。

· 罗马一家洗衣店：女士们，请把衣服脱在店里，痛痛快快玩一下午吧。

· 香港一家裁缝店店外：女士们请上楼大发脾气（试穿）。

· 罗得岛的一家裁缝店：请提前订购夏装，因为需求量大我们得轮流处决客户（执行客户的需求）。

· 哥本哈根航空公司售票处：我们将您的行李发往四面八方。

· 布达佩斯的一家动物园：请勿给动物喂食。任何适合喂动物的食物，请喂给值班人员。

·阿卡普尔科酒店：所有用水由经理本人排泄（亲自检验通过）。

·东京的一家汽车租赁公司手册：看见远处"用脚走路的人"时，请轻轻按下喇叭。先是小声地按"小号"，如果这个人继续挡着你的路，再使劲"嘟嘟地吹"喇叭。

相信我，如果你不是经常出国旅行，我敢说这些一定会成为一种挑战。经过在五十多个国家上百个地区的演讲之后，我制定了一个 3S 策略：

·简化（Simple）

·放缓（Slowly）

·微笑（Smile）

如果前两个都不奏效的话，我希望起码第三个方法能让人们体会我对他们的喜爱。

简单的五大原则

我保证本章不会让你失望，因为保持简单并没有太多要说的。这确实是一个简单的概念。不过，这并不总是那么容易做到，不是吗？我总结了五个准则，希望对你有所帮助：

不要传达过于复杂的信息

一名学龄前的男孩坐在汽车后座上吃着苹果。"爸爸，"男孩问道，"为什么我的苹果变成褐色了？"

男孩的父亲解释道："因为削掉苹果皮，果肉与空气接触被氧化，其分子结构被改变，果肉因此变成了另外一种颜色。"

沉默了许久之后，男孩问道："爸爸，你是在跟我讲话吗？"

如果演讲者或是领导者在传达复杂的信息过程中，并没有想办法使其变得简洁清晰，很多听众都会产生这样的感受。我之所以知道，是因为我有时作为听众也会有这样的感受。一旦出现这种情况，就说明演讲者并未意识到，朝着别人的头顶上方开枪并不代表自己枪技过人，恰恰说明技术太差。

我大学时获得的第一个学位是神学学位。在我攻读该学位的过程中，既没有人教导也没人鼓励我要用简单的方式进行演讲。大二时，我在一次演讲比赛中获得一等奖。我的演讲主题和风格都不太与听众契合，我在演讲中用了太多冗长的句子和大词。这次演讲给教授们留下了深刻印象，我自己也记忆犹新……直到我第一次在印第安纳州南部的一个农村社区担任第一任牧师时，我很快意识到，所有会众都对解析希腊动词和研究复杂的神学概念不太感兴趣。

我每周的演讲对象们就像那个听美国海军军械官详细解释制导导弹的工作原理的人。结束之后，这个人称赞这位军官演讲出色，并说："在听您演讲之前，我对这些导弹的工作原理完全感到困惑。"

"现在呢？"军官问。

"谢谢您，"这个人回答说，"我虽然还是有些困惑，不过已经是更深层次的了。"

当我意识到我的"精彩"演讲对任何人都没有帮助时，我开始努力改变自己的演讲风格。虽然我为此花了不少工夫，但就像我之前提到的，我已经从一名想要打动他人的演讲者转变为一名想要影响他人的演讲者。我最大的变化在于化复杂为简单。在我的句子变短的同时，我的会众增多了。随着时间的流逝，我意识到我能获得的最大的成就之一在于听到我的会众说："牧师，我听懂了您说的所有话，我认为很有道理。"

最直接简单的沟通方法往往是效果最佳的。珍妮特·乔治（Janet George）写信告诉我，她接受了新的工作职位后，开始培训一位将要接替她过去的工作的女性。

珍妮特说："我给她看了我创建的用以与外地办事处沟通的表格。"这位女士不屑地评论道："这些沟通内容的记录听起来只达到了基本的阅读水平。我会把它们改写得更像是成年人之间的交流。"

好几个月珍妮特都没有再见到这位女士，再见面时，女士坦言她的新表格难度太大，外地办事处没法理解，她只得重新用旧表。

复杂的沟通永远都不会成为建立联结的关键。

抓住要点

一位准备离开医生办公室的女士对这位医生投来了疑惑的一瞥。"有事吗？"医生问。女士说："我不确定。我比约定时间提前了五分钟，您马上就带领我进行了检查。您和我一起待了很久，我完全能听懂您的医嘱，我甚至都能看懂您的药方。您真的是医生吗？"

虽然在某些特定的情况下，你并不希望对方是如此直截了当、速战速决，但一般情况下还是希望对方能简洁明了的。一旦当你准备好听他人讲话，但花了很长时间才抓住他的重点，你就会意识到情况不妙。

温斯顿·丘吉尔（Winston Churchill）曾经谈起他的一位同事："他属于那种站起来之前他不知道自己要说什么；当他演讲时，不知道自己在说什么；当他坐下来时，不知道自己说过什么的演说家。"这是多么精辟的控诉。

我曾听过几位类似的演讲者的演讲。悲哀的是，我也曾是其中一员。

所有优秀的演讲者在听众们询问"重点是什么？"之前就已经表明了重点。

要做到这一点，这个人必须首先已经知道重点是什么。希腊剧作家欧里庇得斯（Euripides）指出："糟糕的开始以糟糕的结尾收场。"

显而易见，思考自己演讲理由的最佳时机在于你演讲开始之前。

无论我是准备在数百名听众前演讲还是同一个人交流，我都会问自己两个问题："我想让他们了解什么？""我想让他们做什么？"如果我能准确回答这两个问题，那么很大程度上我能够表明重点，不偏离主题，与听众们建立联结。

沟通过程中最困难的情况可能在于你必须面对另一个人。因为肩负着领导责任，我常常需要面对他人。

起初，我对这样的会面感到不安和恐惧。很多时候我都会采取迂回战术，要么是在透露坏消息之前谈论一大堆其他的事情，要么是旁敲侧击而不直接指出问题。过了许多年之后，我才学会运用更加直接的交流方式，学会尽可能快地传达我需要传达的讯息。

普拉斯科制药公司（Prasco Pharmaceutical Company）的创始人兼首席执行官汤姆·阿灵顿去年同我在辛辛那提共进了晚餐。当晚我们谈论了许多有趣的话题，其中包括领导人通常必须发出的号召。讨论过程中，他同我分享了应对不太合格的员工的策略之一。

他说："当我的公司员工表现不佳时，我会问他们两个问题。首先我会问：'你想继续工作吗？'这样他们会意识到自己在工作上有些问题；其次我会问：'你需要我的帮助吗？'这样他们会知道我是愿意帮助他们的。"好啦，直接切入正题。

老实说，我认为大多数人都希望其他人能开门见山地同他们交流，在遭遇困难的情况下，他们尤其希望对方能直接指出问题。这让我想起了一个幽默故事，讲的是一位员工突然发现自己正处在千钧一发的紧要关头。这位员工名叫山姆，他工作的小公司里，除他之外的所有人都签署了一份新的养老金计划，这份计划要求员工在每次结算工资时缴纳少量费用，剩余的其他所有款项和费用都由公司支付。可偏偏关键问题在于，只有所有的员工都签字同意，养老金计划才能实施。

大家费尽心思想要说服山姆签字。同事们的肯定和责备接踵而至。他的老板也试图说服他，但山姆丝毫不会让步，薪水一分钱他都不想被扣掉。

最后，公司总裁把山姆叫到了他的办公室，说："山姆，这是新养老金计划的副本，我这儿有一支笔，您可以选择在文件上签名，也可以选择被解雇，开始找新工作。"

山姆毫不犹豫地在计划书上签了名。

总裁说："为什么你之前不签名？"

"先生，"萨姆回答，"其实之前没有人这么清楚地跟我解释过。"

每个人都喜欢明晰，即使非底线思维者也想知道底线是什么。善于沟通的人会向他们揭示底线。当然，有时候人们在交流的过程中也会有意掩饰自己真正的意图，如果一位糟糕的员工请求上司为自己写一封推荐信，这种掩饰真意的情况往往是最为常见的。如果上司们推荐的对象并非他们认可的人，他们的回答可能相当具有创造力。这里有一些选自罗伯特·桑顿（Robert Thornton）的《有意歧义建议词典》（*LIAR*）的例句，以及上司们话里"真正"的含义：

荐语	含义
在我看来她总是情绪高昂。	她老是看起来一副打了鸡血的样子。
我们一起工作的时候，他受到无数次表扬。	他被逮到好多次了。
可以说，以他的才能待在现在的岗位上完全是浪费。	他时不时就会喝得烂醉如泥。
我真的很高兴能告诉别人说我有这么一位前同事。	我都没法告诉你他离开我们公司我有多高兴。
您没法轻易相信这位女士竟有这样的履历。	她的大部分简历都造了假。
他总是会问有没有什么他能做的。	我们也很想知道。
您永远不会抓到他在上班时间打瞌睡。	他实在是太狡猾了。
他根本不知道"放弃"这个词是什么意思。	他连写都不会。

无论是与孩子谈话、主持会议，还是面对大群观众演讲，你的目标都应该是在开始讲话之后尽快阐明自己的要点，用尽可能少的语言对他人产生重大的影响——伟大的领导者和杰出演讲者自始至终都能做到这一点。

众所周知，美国国父乔治·华盛顿和本杰明·富兰克林都具备这样的素质。第三任总统托马斯·杰斐逊曾写道："大革命前夕，我在弗吉尼亚州的立法机关与华盛顿将军共事；大革命期间，我同富兰克林在国会共事。我从来没有听过哪一次他们的讲话超过十分钟，也从来没有听他们讲到任何决定问题的要点之外的废话，他们总是致力于那些伟大的要点问题上，因为他们知道，解决了重点问题，其他小问题自然迎刃而解。"同样地，如果我们在讲话的时候也能做到这样，我们将会赢得他人的尊重，与人保持联结的可能性也会增加。

一遍又一遍，再强调一遍

出色的老师知道学习的基本法则是重复。有人曾经告诉我，人们只有反复听一件事16遍，才会相信其真实性。听起来似乎太过极端，但我确信，如果你想让人们理解并相信你所说的话，重复至关重要。威廉·H.拉斯泰特（William H.Rastetter）在成为IDEC制药公司的CEO之前曾在麻省理工学院和哈佛大学任教，他表示：

说第一遍的时候，人们会听到；第二遍的时候，人们会认识到；第三遍的时候，人们就学到了。

如果你想成为一个高效的沟通者或领导者，就必须乐于反复强调某一要点。我的朋友，柳树溪教会（Willow Creek Church）的创始人牧师比尔·海伯斯（Bill Hybels）说："憧憬会泄露！"他的意思是，即使人们相信某一憧憬，最终也可能会失去对它的激情和热情，甚至可能集体无视这一憧憬。所以，领导者必须不断重复强调组织的价值观和憧憬，以便员工（或教堂和其他非营利组织的志愿者）了解这些价值观和憧憬，进而有所思考并付诸实践。

通常情况下，清楚表明主旨并不断重复这一主旨可能十分具有挑战性。不过最起码你可以听从戴尔·卡耐基培训学校的讲师的建议："告诉听众你要说的是什么，说出来，再一次告诉他们你说了什么。"

如果是我的好友、北点社区教堂（North Point Community Church）的负责人、出色的演讲者安迪·斯坦利（Andy Stanley）这种类型的人，则会采取一种更为复杂的方法。他经常根据一个观点（一个绝妙的想法）来静心撰写一则主旨，这之后他交流的所有内容都可以传达、说明或阐释这一要点。这是一种十分富有创意同时又十分有效的方法，确保你将自己的观点表达出来，并使听众切实与其主旨联系在一起。

西诺乌斯金融公司（Synovus Financial Corporation）的董事长吉姆·布兰查德（Jim Blanchard）每年会在佐治亚州哥伦布举行一次领导会议。去年，我十分荣幸地能继普利策奖得主作家汤姆·弗莱德曼（Tom Freidman）、众议院前议长纽特·金里奇（Newt Gingrich）、作家丹尼尔·平克（Daniel Pink）之后，在会议现场进行演讲。丹尼尔在演讲期间谈道："与他人建立联结的过程中有三个词是至关重要的：简洁；多变；重复。我再说一遍！"丹尼尔不仅博得了满堂大笑，同时也建立起了联结，因为他只用了仅仅20个字母，就践行了他所建议的要点。我们也应该尝试这样做。

说清楚

一开始大丘纳德邮轮"玛丽皇后号"并不是这个名字，本来是要给这艘船取名为"维多利亚女王号"。但是，当一位丘纳德官员被派往白金汉宫通知乔治五世时，这位官员却没有说清楚。他告诉国王，公司决定以"所有英国女王中最伟大的女王"的名字来命名这艘强悍的新船。

国王以为是用他妻子的名字命名，于是欢呼道："哦，我的妻子会很高兴！"丘纳德官员没有勇气纠正国王的错误，只得回到丘纳德办公室，向大家解释了情况，于是这艘船被更名为"玛丽皇后号"。

20世纪70年代，我的导师查尔斯·布莱尔（Charles Blair）曾经对我说："有所了解，就不会产生误解。"

换句话说，在清晰地陈述出来之前你必须在头脑里形成清晰的认识。无论在何种情况下，如果一个人无法很顺畅地表达出一个想法，无疑表明他对这个想法没有足够的了解，这一点可能在一位缺乏安全感或是消息不灵通的权威人士演讲的过程中体现得尤为淋漓尽致。通用电气的前首席执行官杰克·韦尔奇（Jack Welch）指出："缺乏安全感的管理人员会把事情复杂化，战战兢兢的管理人员则会笨拙地使用复杂的计划书及烦琐的幻灯片，而幻灯片里全是大家打小就知道的常识。"

我曾经担任一个组织的负责人，并接替一位职业海军担任首席运营官一职。在我到任之前，这位军人准备了一份信息量庞大的政策手册，这让我想到了大卫·埃文斯（David Evans）的观察，大卫对军方常常采取的交流方式持批评态度。为了说明他的观点，大卫简单列举了武装部队实施的陈述方式及其修订版本：

第一稿：聪明人一点就通。

第二稿：聪明人应该一点就通。

第三稿：相信聪明人应该是一点就通的。

第四稿：有人相信在某些情况下，聪明人应该是一点就通的。

第五稿：有迹象表明，有人相信在某些情况下，聪明人应该是一点就通的，尽管具体情况可能还需要具体分析。根据详细的分析看来，该结论可能不成立，应该只适用于所有潜在的假设条件全部成立的情况。

我的首席运营官手册实在太过烦琐，每当我看到它时都会想，如果连我自己都不能理解其中的内容，并遵循其中的要求，那我的员工又怎么可能做到。最终我抛弃了这个册子。

如果你准备与听众交流，遵循专业演讲者彼得·迈耶（Peter Meyer）的建议不失为明智之选。他表示，大多数演讲者讲得太多了。一个小时的时间你只能讲这么多的内容，期望听众们能够学到。于是我们开始遵循一个特定的模式，确保自己的演讲内容不会过多，我称之为拼图管理（Jigsaw Management）。

当你开始提出自己的想法时，请想象你是要让听众从头开始组装一个大型拼图游戏，你的想法就是拼图碎片。

拼图的第一件事就是查看盒子顶部，上面有各种拼图图案的提示，你的演讲中应该有其中一种图案的提示。

现在，你有多少种拼图想法？请务必记住，在一个小时的有限时间里，拼一个1000块的图案要比100块的图案难得多。如果你有好几个重要想法，那就太多了。我的演讲最多能论及三个想法，况且三个想法对于一个小时来说还是太多了。

在开始组织演讲语言之前，请问自己另一个问题。如果你正在玩拼图游戏，并且只有一个小时，你会希望有拼图的这个人将拼图盒子藏起来吗？你会希望这个人又增加额外的拼图碎片吗？请在演讲的时候，不要犯一样的错误。

换言之，无论你的想法在你看来是多么巧妙，除非它能完全契合盒顶上的图案，否则不要把它塞进你的演讲里。

其次，当你开始演讲时，请务必向观众形容你的盒顶上的图案，告诉他们你接下来要展示的是什么内容，这样他们才会知道这些想法碎片适合拼在哪里。

到头来，不是我们的话说服了他们，而是他们自己的理解说服了自己。

如果你表达清楚简单，会有更多的人理解你想要传达的信息。对于演讲者来说，简单并不是缺点。作家兼评论家约翰·罗斯金（John Ruskin）指出："这是一种力量！人类在世做过的最伟大的事情莫如看到了什么，就坦率平实地说出来。一百个人说，不如一个人思考，一千个人思考不如一个人得见。若一个人看得清晰并向他人清楚描述，其语言将是诗歌、预言和信仰的集合。"

少说点

我最近准备在一个已经超期的项目活动上进行演讲，结果进度远远落后于安排。时间滴答流逝，我的演讲临近，我可以看到主持人的焦虑。我准备上台时，他紧张地解释说，原定一个小时的演讲时间被压缩到了30分钟。我理解这种情况，为了让他安心，我说："不用担心。我会来一场点比萨式的演讲，如果30分钟之内我的比萨没有送达，您就不必付钱给我。"我即时对演讲内容进行了一些调整，最终一切都很顺利。

许多人非常珍惜自己在舞台上的时间和在会议上发言的机会。他们热爱登上舞台的感觉。对他们来说，站在人前的时间越长，他们就越是欢喜。是的，我承认自己喜欢与人交流，交流使我充满活力。即使让我在研讨会上全天发言，我最终也会是兴奋激动而非精疲力竭地下场。但与此同时我还发现，如果我讲的时间更短，语言更简洁，人们记住的时间会更久，这不是很讽刺吗？

请花点时间想一想，这么多年来你所听过的所有老师、演讲者、传教士、政治家和领导者的讲话。在演讲结束后，有多少演讲会让你产生这样的想法：我当然希望他能讲得久一点，只可惜太短了？我敢打赌这个比例是很小的。不太乐观的是，在超过90%的情况下，人们在交流时就已经慢慢丧失了他的吸引力，他们就像亚伯拉罕·林肯所说的那个政治家：

> **他是我所见过的，最能在最细微的想法里浓缩最多**
> **词的人。**

　　行政交流顾问安妮·库珀·雷迪在她的《即兴：一接到通知怎么说》（*Off The Cuff: What to Say at a Moment's Notice*）一书中提出了以下建议：准时开始并准时结束，能尽早结束更好。就算你是一位付费演讲者，希望给组织方留下深刻的印象，让他们知道物有所值，也请在抛出一个特别精彩的答案的前几分钟暂停一会儿。在如今这个超额预定的社会里，没有什么礼物比空出一点时间更值得称赞的了。

　　根据罗纳德·里根的演讲撰稿人佩吉·努南（Peggy Noonan）的说法，没有人愿意在听众面前保持沉默超过20分钟（这是令人敬畏的），接着提供20分钟进行问答环节，结束之后每个人都可以各回各家。

　　没有什么比拖住听众直至深夜更糟糕的事情了。千万别爱上自己说话的声音。你会一股脑儿地倒出自己所有的光辉事迹，在一个观点上拖延许久才能勉强谈及下一个观点。请尽量提早结束，这样，在每件事情上你会给每个人留下积极正面的印象，大家也会期待你的下一次演讲。

　　交流时，尽量保持语言简短总不会出错。若是发言时间过长，就有一百种出错的可能。

　　我有史以来收到的最热烈的掌声，是当我结束一次最简短的演讲的时候，那是在一场慈善高尔夫球赛结束之后的宴会上。那可真是漫长的一天，大家都参加了比赛。活动流程实在是太长了，我都可以看出高尔夫球手的疲惫与焦躁。

经过三个小时的流程，终于，主持人告诉听众，将由我担任主讲嘉宾来同他们就领导力话题进行交谈。一阵只能说是礼貌的掌声之后，我站上了讲台，说道："今天是漫长的一天，活动流程也很漫长。我们大多数人都很疲惫。我的领导力演讲如下：兴衰成败均取决于领导力。"

接着我离开讲台，坐了下来。

一时间听众们惊愕得哑然一片。突然，人群爆发了，所有人都感激不已，起立向我鼓掌致意。我可以打包票，他们永远不会忘记这次演讲！

不过，我不建议你现在就开始只进行一句话的演讲（这是我四十多年来唯一一次这样简短的演讲）。大多数受邀演讲时，主办方都希望你能讲得久一点。他们希望你能为听众增加价值，而仅仅只言片语是很难做到这一点的。但无论何时，无论是与一个人还是一百人交流，保持发言简短始终是一个不错的主意。没人会因为你的发言晦涩难懂而给你加分。

温斯顿·丘吉尔是 20 世纪最伟大的演讲者之一。他是一位杰出的领袖、一位振奋人心的演讲者，也是一位富有成就的作家，并于 1953 年获得了诺贝尔文学奖。丘吉尔反复强调保持交流简洁的重要性。他说："所有伟大的事物总是简单的，都可以只用一个词来表达：自由、正义、荣誉、责任、怜悯、希望等，从广义上来说，简短的用词是好的，而古老的用词则是好中之好。"

这听起来似乎有悖常理。但是如果你希望能将交流提升到一个新的水平并与人建立联结，就请不要试图运用自己的才智打动他们，也不要用过多的信息来征服他们。请简明扼要，这样一来，他们会同你建立联系，进而建立联结，最终会希望邀请你再次与之交流。

从各个层面与他人建立联结

联结实践：联结者肩负化繁为简的艰巨任务。

关键概念：需要联结的团体越大，沟通的内容就越是要简单。

一对一联结

让另一个人理解你所说的话通常不难。为什么？因为你可以根据他或她的性格、经历、才智准确地以她能听懂的方式表达。如果表达不够清晰，你也许可以根据对方的表情解读出来，还可以回答对方可能提出的任何问题。当然，这并不意味着你可以偷懒。如果你不仅想要传达一大堆信息，而且想要进一步建立联结，就应该继续努力保持交流内容的简洁。你传达的内容越是容易理解，与对方建立联结的可能性越大。

在团体中建立联结

小组交流比一对一交流要复杂。你的想法需要能为多人所用，因此请尽量将其简化。绝不应该简单地向他人"一股脑儿抛出"大量信息，还指望着听的人自己能梳理一下，这样的做法懒惰而无效。如果你得到了发言的机会，请务必完成这项化繁为简的艰苦工作。为了确保你的做法有效，请执行以下操作：

· 寻求反馈。

· 要求团体成员分享他们从中学到了什么。

· 询问团体成员将如何将你的发言传达给他人。

与听众联结

使沟通变得简单而令人难忘是一门真正的艺术,我花了几年时间去学习这门艺术。有两个处理信息的好方法分享给大家。第一,你可以问自己:"我需要传达给他人并让他们理解的基本要素是什么?"第二,问自己:"我该如何让这几个要点变得令人难以忘怀?"

优秀领导者用来传达重要信息(例如视觉传达)的另一个技巧是先让一个人进行实践。如果对这个人有效,那么他们可以尝试在一个经过挑选的较小团体中进行实践。这样一来,演讲的人可以观察人们的表情,看哪些部分是有效的,还可以接收人们的意见(除此之外,我有时甚至会要求听众向旁边的人解释我刚才说的话)。只有在经过这样的交流测试之后,演讲者才能清楚地向大众传达重要的内容。

8

有效社交带来愉悦体验

你会选择用什么词来形容与你保持良好联结关系的演讲者？令人愉快的？充满活力的？有趣？可能只需要一点时间，你就可以列出一个长长的清单。现在想想那些你不在乎的人、那些无法与你建立联结的人。如果我要求你只能用一个词去形容他们，你会用什么词呢？我敢打赌这个词会是"无聊"，这是最能概括无法与他人建立联结关系的一个词。每天世界各地的教室里、礼堂里、会议室里、起居室里都存在着数百万只黯淡无光的眼睛，因为说话的人实在无趣，最终说话的人没法和这些眼睛的主人们建立联结。

你准确记得在教室里上过多少课，进行过多少次对话，发表过多少次演讲吗？你所记得的一个人背后有着成千上万你不记得的人。公司演讲顾问杰里·韦斯曼指出："很少有人类活动像演讲一样频繁，也很少有人类活动像演讲一样糟糕。据最新估计，人们每天使用微软 PowerPoint 制作幻灯片辅助演讲的次数高达几千万次。我敢肯定，你参与的不在少数。其中有多少是真正令人难忘的、有效的、有说服力的？可能只在少数。"

好吧，有一个好消息是，无论你在这方面的技能水平如何，都是有可能提高的。变得有趣是可以习得的——我之所以知道是因为我有个人经验作为支撑。实际上，在我一边上大学一边开始第一份工作之前，我参加了一项检测创新能力的测试。我获得了班上的最低分！我想，噢，天哪，我要成为另一个无聊的牧师了。

从那时起，我开始养成为我的发言收集引语、故事和插图的习惯。我发现就算我不够有趣，起码能在我的布道里加点有趣的内容。

当然，无论你如何努力尝试与人建立联结并变得有趣，你都无法取悦所有人。当我是专职牧师时，我几乎每个礼拜天都在布道，当时我的孩子还很小。我会和我的女儿伊莉萨白一起祈祷，她经常祈祷："亲爱的上帝，请保佑爸爸明天的演讲不要变得无聊。"我还在一个礼拜天早上听到她让她的弟弟乔尔带很多东西去教堂，因为我那天会布道。

我能说些什么？有个牧师的女儿问他为什么总是在进入讲坛之前祈祷。"亲爱的，"他回答道，"我这样做是要上帝保佑我的布道。"我常常能对这位牧师产生共鸣。

小女孩思考了一会儿，回答说："那他为什么没有保佑呢，爸爸？"

我几乎不能责备我的孩子们。作为一个从小在教堂里长大的人，我礼拜天早上的祈祷是这样的：

现在我要躺下睡了，

布道很长而主题很深奥。

如果上帝在我醒来之前就会离开，

我请求有人把我摇醒。

我的哥哥、姐姐和我自己经常会产生和我的孩子一样的感受——我们很无聊。很多时候，我们听到的布道往往同罗纳德·里根最杰出的演讲撰稿人佩吉·努南（Peggy Noonan）的建议背道而驰。他们的布道被她称为"吊床演讲"："演讲的开头是一端的一棵美丽强壮的树，演讲的尾声是另一端的一棵美丽强壮的树，而演讲的中间部分美丽而柔和，以至于大家都睡着了。"如果你想与听众保持积极的联结，就不能这样！

如何让人变得有趣

在发表了数千次演讲，进行了数十年交流之后，我多多少少学会了如何与他人有趣地相处，以及如何使交流成为令每个人都愉快的体验。我会把同某个人一起合作、领导一支团队以及在听众面前演讲时学到的精华告诉你。无论你是准备与一个人、一百个人还是一千个人交流，请尽可能多地尝试以下七件事：

对你的听众负责

我经常听到演讲者谈及他们所面对的糟糕的听众，通常，他们描述的对象并没有对他们的演讲做出积极回应。我认为这些演讲者理解错了。

一般来说，没有糟糕的听众，只有糟糕的演讲者。

如果听众快睡着了，就得有人走上演讲台唤醒演讲者。

布伦特·菲尔森（Brent Filson）的《行政致辞》（*Executive Speeches*）一书中集合了 51 位首席执行官关于演讲的建议。一位行政管理者写道："宪法保证言论自由，但并不能保证听众的听觉。"

即使你有听众，也无法保证他们一定会听。因此，作为演讲者的首要责任是要获得并持续吸引听众的注意。无论想要达成什么样的目的，当你意识到你有责任去吸引他们的注意时，你就有极大的成功的可能性。即使环境恶劣，条件困难，伟大的演讲者也会对他人的回应负责。

几乎每个人都听到过这样一句话："你可以领一匹马到水边，但没法让它喝水。"我想，这句话大约是正确的。但你也可以喂一匹马盐，让它口渴——这也是事实。换言之，你可以尽力让听众参与进来。

当我与人交谈时，我有责任让谈话成为一种愉快的学习经历。如何吸引他们的注意力？让演讲变得令人难忘的必要条件是什么？如何吸引他们的注意力并维持这种注意力直到演讲最后？

太多时候演讲者们满怀期待地在听众面前站起来，认为听众有责任理解他们的演讲内容并对此做出积极回应。他们抱有一种"要么接受要么离开"的想法。这实在是大错特错。

现场人很多，却没人真正听进去，我将这种演讲称为墓地演讲。为了避免成为这种演讲者，我在演讲时永远不会忘记自己的责任：引起听众的兴趣、激发听众的热情、享受演讲的体验并为他人增加价值。当我能够做到这些时，我的使命就完成了。

在写书时，我一直试图保持同样的思维方式。但刚开始时，我常常感到自己难以始终吸引读者的兴趣。在进行一对一交流时，我是一个很棒的谈话家。作为演讲者，我学会了运用感召力吸引听众。我会表现出对他人真正的兴趣，会运用积极的肢体语言、面部表情和语气来维持我对听众的吸引力。我很开心，通常听众也会和我一样感到开心。但作为作家，我再也没有这种优势了，我常想知道该如何让我的书变得有趣。当阅读了历史学家芭芭拉·塔奇曼（Barbara

Tuchman）的文章时，我受到了启发。在她写作的那些年里，她的打字机上一直有一个小小的标志，上面写着："读者们会继续翻页吗？"而她会对此负责。

多年以来，我一直在用信笺簿写作，我问过自己同样的问题，这提醒我要为读者的兴趣负责。当我开始写作时，我会想是什么让我想读一读这本书？写完一章后，我会尝试从可能会拿起这本书的读者的角度来阅读这本书。是什么驱使他们继续翻页？又有什么鼓励激励着他们看完本书？

在我与一个小团体待在一起的时候，我还会负责创造让其他人感到愉快的体验。如果我们一起吃晚餐，我会努力创造愉快的谈话。

我会想，我该说些什么才能让其他人都围坐在桌子旁？我该如何吸引他们的注意？如果我带朋友去旅行或在镇上过夜，我会努力创造回忆。比如几年前，我曾邀请丹、帕蒂·莱兰、提姆、帕姆·埃尔莫以及玛格丽特一起在纽约度过周末。一天晚上，我们在绿色小酒馆（Tavern on the Green）用餐，酒馆位于中央公园这个主要的旅行目的地。之后我想去梅西百货，我们没有选择步行或乘出租车，而是租了三辆人力自行车，每对夫妇一辆。为了让这次经历变得难忘，我告诉三位车手，这是一场比赛，谁先到达梅西百货谁就能得到额外的五十美元小费。

好吧，你可以想象发生了什么。当车夫们飞奔出去时，我们几个因为惯性受了颈部过度屈伸的损伤。他们左弯右拐，在车流中穿梭，突然插到对方面前，有好几次我都以为我们要翻车了，这是我们经历过的最激动人心的两英里①之旅，也是一段美好的记忆。

---

① 1英里约等于 1.609 公里。

你也许会认为给车夫五十美元的小费实在浪费，但是你对一段美好记忆的标价是多少呢？这段记忆使我们联结在一起，这是一段我们每个人到死都不会忘记的记忆。我想说，它值这个价钱，也值得付出努力。作为领导者，我相信给他人愉快的体验既是特权，也是责任。作为丈夫、父亲和如今的祖父，这点对我来说尤其重要。创造积极正面的、令人难以忘怀的经历比其他任何事情都更有利于家人之间的联结。我强烈建议你也承担起这样一份责任。

走进他们的世界进行交流

在我还小的时候，父亲们通常不像今天大多数人那样分担父母的职责，男人和女人常常生活在不同的世界。让我们回到那个婴儿穿尿布的时代，当棒球迷的丈夫和妻子在婴儿房间外吃晚餐时，孩子突然哭了起来。这位整天照看孩子的女士精疲力竭，于是让丈夫给儿子换尿布。

丈夫说，"我不知道该怎么给婴儿换尿布。"试图推脱这项工作。

"看啊，老兄，"妻子极其鄙视地瞥了他一眼，"你把尿布铺成菱形，把第二垒放在本垒板上，把婴儿的屁股放在投手丘上，先钩上第一个角和第三个角，然后从下面滑回本垒。如果下雨了（婴儿撒尿了），那游戏就结束了，你又得从头开始。"

如果你想传达信息，就必须学习走进他们的世界。与他人建立联结需要这种技能。很多时候，演讲者不愿或无法走出自己的世界，从听众的角度出发进行演讲。发生这种情况时，演讲者不仅不大可能同听众建立联结，实际上反而拉开了同听众之间的距离。

工程高级经理拉斯·雷评论道：

经常有人要求我对正在开发的新产品提出点想法或解决方案。除非我要与把这些想法和方案当作早餐的工程师交谈，否则它们不过是枯燥无味的材料。因为常有来自管理层、领导层或财务团队的听众，我也必须对他们负责，我得确保我所表达的内容传达给了所有的听众，并确保这些内容于他们而言是有意义且切实可行的……而不是设想他们理解工程术语。

我早期面临的沟通挑战之一源于我认为听众们会像我一样对演讲主题感兴趣。整整一周我都在为礼拜天的布道做准备，我以为我的会众们会像我一样对临近的礼拜日充满期待。但事实是大家都过着各自的生活——忙着工作、与家人共度时光、出差跑腿、进行体育运动，与朋友聊天等等。并没有人屏住呼吸等待聆听我的布道演讲。当礼拜天到来的时候，我也没法指望他们能走进我的世界，了解我的布道。要想同他们建立联结，我必须走进他们生活的世界，去看看那里的他们是何种情形。

商界人士也是如此，销售人员、与顾客打交道的其他职业人尤其如此。演讲者、培训师兼作家特里·约丁（Teri Sjodin）表示：

一般来说，当我们将信息告诉潜在客户时，他们只记住了其中一半，一个小时过去后，他们忘记了他们本就知之不多的信息中的10%。而睡一觉之后，猜猜发生了什么？他们脑子中又有20%的信息蒸发了。到早餐高峰期有所缓解的时候，他们已经多次避开高速公路上的追尾碰撞，接着发现桌子上老板留下的便条，这时他们又忘记了另外10%。因此，在整个过程中，我们以为潜在客户一直在考虑我们的建议，其实他或她已经忘记了。

想要与其他生活在自己的世界中的人建立联结，你就不能只是待在自己的世界里。你必须将自己想要表达的内容与他人的需求联系起来。

人们只会记得自己觉得重要的事情，而不是我们觉得重要的事情。

　　这就是为什么最好避免使用抽象术语，并且尽可能将自己所表达的内容个人化。如果你属于一个组织的领导团队的一员，请不要谈论所谓的"管理层"的信念或是"领导者"想要实施的计划，请直言自己正在做什么；如果是同员工交谈，请不要对他们视而不见，肆无忌惮地当面谈论他们，请直接同他们沟通。最好是，如果你对一个观点有把握，那么在谈到团队中的所有人时，请使用"我们"这个词将这些听众都包括在内。这让人想起一句老话："对着我滔滔不绝，你不过是在自言自语。"同我说话，我会勉强听一听。如果你谈论我的事情，我能听上几个小时。

　　只要你能保证真实，你所能做的任何可以与听众建立联系并满足他们的需要的事情，都有利于你同他们建立联结。你没法假装自己是其他人，哪怕是在为他人发声时你也必须做自己。

从一开始就吸引人们的注意

管理顾问默娜·马洛夫斯基（Myrna Marofsky）开玩笑说：

如今人们脑子里都有遥控器，如果你没法引起他们的兴趣，他们就会把你一下子关掉。

　　你难道没有发现人们可以在你刚开始演讲的时候就迅速"关机"吗？作为演讲者，我发现人们能够在很短的时间内决定是否听我说话。如果他们选择"关机"，我就必须付出非常多的努力才能再次赢回他们。这就是为什么我会竭尽所能给人留下良好的第一印象，并让自己的演讲有个好的开头。

不仅仅是在进行团体交流的时候，其实人们一直在对我们做出快速的判断。正如索尼娅·哈姆林所说，从对方初次见到我们的那一刻起，他们就在有意识或无意识地对我们进行评估，并由此决定是继续听我们说话还是直接忽略我们。她说："如果最开始的那一刻我们没有被吸引到，那么接下来就会说'不好意思，我看到了一个朋友'，接着径直走开。"

大多数时候，我们会对他人产生即时反应，我们要么会被这个人吸引要么不会。如果有人对我微笑，同我进行目光交流，并尝试以某种方式进行接触，比如打招呼或伸出手与我相握，我会用更加积极的心态看待他。

当我在听众面前发言时，我会像在一对一交流中那样尝试用积极的方式开始讲话。以下是我的一些具体行为：

首先从评论当时的情况或周围的环境开始。有经验的演讲者讲话之前，会注意周围发生的事情，他们知道当时的情况。有经验的演讲者会试图了解是谁一直在演讲，听众们又有何反应。他们会注意所有已发表的评论。然后，轮到他开始演讲时，他就可以利用这些评论，转劣为优。下次你演讲时，话题请围绕一些每个人都经历过的事情，接着同听众达成共识，让他们觉得自己已经与你有了联结。

自我介绍。通常，轮到我发言时，我做的第一件事就是说："嗨，我叫约翰。你叫什么名字？"当大多数听众对我大声喊出自己的名字时，现场热血澎湃，同时又有点秩序混乱。接着我们所有人都笑出声来。虽然听起来有些老套，但的确打破了僵局，人们开始感到与我产生了联结。

放松。在上一章中，我提到当我坐在凳子上时，我在听众面前演讲会变得更加放松。这样的坐姿向听众们传达了我觉得舒适的感觉，希望他们也觉得舒适。我的姿势倾向于表明我想要与他们交谈，而不是表明我无心理会他们的反应只顾自己一吐为快。如果我在演讲时感到轻松愉快，听众们也会更加享受这次体验。如果你能找到一种方法在向听众表明你十分放松的同时，让他们感受到你对他们也是非常关注的，那么这样通常能让他们感到安心自在。

幽默的开头。我曾在一个宴会上担任主讲人，宴会持续之久，仿佛永远都不会结束了。终于，轮到我发言时，我便开始讲述下面这个故事："威廉·亨利·哈里森总统的就职演说是 8,578 字，这是有史以来最长的一次演讲。他发表就职演讲的那天，天气出奇的寒冷，但他拒绝戴帽子也不愿意穿外套。那天他感冒了，接着发展成了肺炎。一个月后，他去世了。"

然后我说："作为演讲者，我从这段历史中学到了一个教训。我会好好穿衣服，我向你保证，我的演讲一定足够短。"房间里回荡着欢快的笑声，大家都意识到我接下来的演讲会很有趣，我们也因此建立了联结。

营造期待感。在许多次演讲的开始环节，我都会为我的听众们做点分享，增添他们生活的价值。我常常会说："你们马上就要学习一些东西了"，接着我要求他们把这句话传达给旁边的人。当听众们转向彼此时，房间里的能量增加了，他们也更加期待了。当我要求他们对那个人说："是时候了，"大家都笑了，事实上真的有很多人这么说了。对大多数人来说，这通常是一件有趣的事，他们也会感到彼此之间联结得更加紧密了。

当然，我不建议你效仿我的做法，我行之有效的方法对你来说可能不起作用。你需要找到适合自己的交流风格，并尝试适合自己的交流技巧，不过交流的原理依然是相通的。

你需要寻求多种方法尽早与听众建立联结，让他们感到轻松，在演讲开头便牢牢抓住他们的兴趣。请寻找这样让演讲经历变得愉快的方法。

激发听众的活力

与精力充沛和积极主动的人沟通是一件轻松的事，而与消极被动人沟通要困难得多。在这种情况下你应该做什么？应该怀着最大的希望继续推进话题吗？当然不是。你得努力激发听众的活力，让他们参与到交流之中。

每次演讲，我都会寻找交流对象的参与迹象。我会检查他们是否在做笔记，是否表现出"倾听者的体质"。有人在进行目光交流吗？他们点头是表示赞同或理解吗？我的演讲是否得到了一些可见的回应？人们在笑还是在鼓掌？如果听众们显露出这样的迹象，那就太好了！如果没有，那么我就会尝试让听众参与到我的演讲之中，方法如下：

提出问题。无论你是进行一对一交流还是在许多听众面前演讲，提问都有助于你与听众建立联结，这对于释放能量和提高听众们的兴趣水平起着至关重要的作用。因为听众对象并不固定，我在演讲开始前常常会问他们来自哪个州，借机调侃一下这些州。或者我会提出一个与我要谈论的话题有关的问题。我只是想立刻吸引人们参与到我的演讲之中。

在接下来的演讲中，我经常问一些更广泛的问题，通常90％的人都能回答上的问题。例如，如果我演讲的话题是"失败"，我会问一些类似"有多少人一生只犯过一次错？"的问题，这些问题通常会引发一阵轻笑，听众们会举起手。大多数人都想拥有这样的体验，但同时他们又不想在团队中显得太过突出。如果你提出的问题过于具体，他们就不会举手。

我建议你尝试一下。但你应该一开始就提出一个会得到许多人回应的问题，即使这回应是一阵认同的笑声，紧接着乘胜追击再问一个问题，让雪球越滚越大。一旦他们理解了你的意图，会更加喜欢这样的形式。

在非正式场合，我的问题也可以派上用场。在与人共进晚餐时，我会提前准备好几个问题，例如"这个月发生了什么令人兴奋的事情吗？"或"最近您有读过哪些好书？"我不会等人主动参与谈话，我会采取些措施吸引他们加入这个过程。

让听众动起来。我的演讲通常会持续一整个上午或一整个下午。有时听众们坐了很长时间，我会请他们站起来做一下伸展运动。每隔三十分钟左右，大多数人需要做某种动作活动身体。运动使每个人都能得到短暂的休息。

有时我会让听众在座位上做某项运动，例如，当我讲到改变有多困难或尝试新事物时感觉如何不同时，我会请他们双手合十并交叉手指。人们总是习惯固定地将一根拇指放在上面，所以我要求他们再次交叉手指，但这次要把另一只拇指放在上面。这时他们会有些抗拒，因为这样感觉很奇怪。最终，房间里的能量增加了。

进行一对一交流和进行团体交流时，让对方动起来的方法也会奏效。你可以为团体成员计划一些活动，来帮助增加他们的活力。如果你已经腻烦了与同一个人见面和交流，你可以和他散散步或是坐到其他地方。体育锻炼可以让你精神焕发。

要求听众们进行互动。尽管这种方法并非在任何情况下都可行，但我还是会时不时地要求听众们互相交流。有时我要求他们向周围的人做自我介绍；有时要求他们同身边的人分享想法；有时则会把他们分成几个讨论小组。

再强调一遍，互动需要成员们的参与，并且通常能够增加房间里的能量。关键在于演讲者有责任为听众们注入活力，并努力激发他们身上的能量。

说出来，它就联结起来

所有伟大的演讲都有一个共同点：在演讲结束很久之后，听众们依然能记起演讲的内容。以下是一些例子：

帕特里克·亨利（Patrick Henry）："不自由毋宁死。"

内森·黑尔（Nathan Hale）："我唯一遗憾的是，我仅有一次生命可以献给我的祖国。"

亚伯拉罕·林肯："民有、民治、民享的政府。"

温斯顿·丘吉尔："永不放弃。"

约翰·F.肯尼迪（John F. Kennedy）："不要问你的国家能为你做些什么，而要问你能为国家做些什么。"

马丁·路德·金（Martin Luther King Jr.）："我有一个梦想。"

如果你想让人们记住你所说的话，就得抓住合适的时机用合适的方式说合适的话！

在我职业生涯的早期，我经常是想到什么说什么，很少注意我是怎么说出来的。当我意识到措辞的重要性时，我做了很多工作，但老实说，我早期的努力有些笨拙。我一直在努力学习这项技能，而且多年来，我学会了用人们可以记住的方式来叙述事情。我想与你分享一些我所学到的技能：将你要表达的内容与听众的需求联系起来。演讲时，没有什么比需求更令人难忘了。当时纳粹的铁蹄正践踏在整个欧洲土地上，丘吉尔说"永不放弃"；当人民需要鼓舞才能坚持争取民权时，马丁·路德·金在林肯纪念堂（Lincoln Memorial）告诉他们他有一个梦想。

如果演讲内容事关听众十分渴望的东西，他们会留心的。

如果你遵循我的建议，尝试在共同的基础上与人交流，并努力走进他们的世界从他们的角度来发言，那么你会进一步了解他们的需求和渴望，这也会增加你建立联结的能力。

别出心裁。研究表明，可预测性与影响力之间存在直接联系。如果听众认为你说的内容越好猜，你对他们的影响越小；相反，如果你降低自身的可预测性，你的影响力也会随之增加。如果听众总能预测到接下来能发生什么，那么他们就会"退出房间"。

为了努力让自己变得不可预测一点，制片人约瑟夫·马勒（Joseph Marler）曾在正式场合表演过小魔术。牧师罗伯特·基恩（Robert Keen）告诉我，为了引起注意，他曾经用锤子砸碎放在塑料袋中的花瓶——但因为他砸得太用力了，玻璃碴四处飞溅。罗伯特说："当我试图冷静下来的时候，我的会众们却爆发出歇斯底里的大笑。"杰夫·罗伯茨（Jeff Roberts）解释说，他曾为了获得企业管理学位而接受了一个无聊的高级项目报告，受到苏斯博士的启发，他用布告板将介绍改编成了押韵的演讲，改编赢得了听众长久的掌声。杰夫说："我们的教授向来以评分严格著称，这次却给了我们100分，这是前所未闻的。教授说他从未听过这样的演讲，也从未见过学生们听得如此专心着迷……我们能够改善这种典型的课堂演讲，能够吸引观众，也能够让一群努力上进的学生在大学生涯的尾声拥有欢声笑语的一天——只要我们创造出令所有人都感到愉快的体验。"

运用幽默。谚语有云："喜乐之心，乃是良药。"即使听众很难记住你提出的某些观点，他们也会常常回想起你的幽默。毕竟，谁不喜欢幽默呢？尤其是展现出演讲者人情味的自嘲式幽默。人们的自嘲会将他们与其他人联结在一起，而非让他们高人一等。亚伯拉罕·林肯以"人民的总统"著称，他常常调侃自己，而历史也为他这种品质予以嘉奖。幽默是每一位演讲者必须掌握的技巧。

运用震撼人心的观点或统计数据。我永远不会忘记南希·比奇（Nancy Beach）那则有关贫困的发言："每年有 600 万五岁以下的儿童死于饥饿。世界上每天有七分之一的人饿着肚子睡觉。世界三大富人的财富加起来超过世界上最贫穷的 48 个国家的国民生产总值的总和。"

你觉得这些数字骇人听闻吗？我是这样觉得的。这也是为什么我会将这些数据保留了下来。如果你有类似能够引起人们关注的数据，那么请用上它们。

当然，你也可以利用统计数据来与人建立联结。杜克·布雷库斯（Duke Brekhus）说："关于统计数据的匿名语录中我最喜欢的一条是：所有的统计数据有 37.5% 是当场编造的！这句话总让我觉得好笑！"

有趣地陈述一件事。如果你对措辞的使用一无所知，只是单纯地向人们提供信息或是简单地同他们交流想法，那么你正在错失联结的机会，人们也无法记住你说的话。请比较以下短语：

要想登顶，必须有所牺牲。	→	欲戴王冠，必承其重。
人际关系对人有着重要影响。	→	要先学会和自己相处，才能和他人相处。
除非知道你是关心他们的，否则他们不会听你说话。	→	人们不关心你知道多少，除非他们知道你对他们关心多少。

只要你的发言足够新颖巧妙，就很有可能引起人们的注意。

学会暂停。当你滔滔不绝说个不停时，人们也许正神游天外。但是，即使你仅仅暂停一会儿，也给了听众机会，让他们思考你刚刚的发言，也让他们的大脑得到了必要的休息。而暂停的最佳时机是当你讲出特别重要的内容的时候。

与人建立联结是一条双向道。是对话，而不是独白。

许多人会对沉默感到不安。但我已经和沉默成了朋友。当我在演讲的过程中暂停时，我是在传达这样的想法："这点很重要，请思考一下。在我刚刚的语境里思考一下这点，请在你的大脑里划上重点。"我很重视停顿，因为停顿让人们有时间来思考一个有价值的观点。对于所有想与他人建立联结的人，我的建议是，让自己适应沉默，学会让沉默成为你演讲中的一个感叹号。

可视化

大多数人都通过视觉进行学习。在当今这个通过电视、电影、网络视频和其他形式传达信息的视觉时代，视觉事物的分量越来越重。曾经那种人们围坐在收音机旁，听新闻和娱乐消息的日子已经一去不复返了。

卡尔文·米勒的《赋权的沟通者》一书对成为牧师的我的演讲方式产生了巨大影响。书中，他写了一系列想象中的听众写给演讲者的信。他在其中一封信中写道：

亲爱的演讲者：

世界从来没有放弃过对真理的追逐。迄今为止，我加入教会已经五十多年了。我们的教堂前后可能有二十几位牧师。但他们每个人都没有在教堂待上很长时间。他们每个人都说出了真理。但事实上他们会先让你无聊好几个小时，最后才让你知道真理。在这些人之中，我们真心想留住的只有一个。他以一种有趣的方式将真理告诉了我们。有一次他穿上了浴袍，假装自己就是大卫王。这样肯定有趣啦。又有一次，他扮演的是伯利恒的旅馆老板。还有一次他用烟灰抹脸，这让他看起来很奇怪，他告诉我们他是约伯。虽然以前也知道，但直到那次布道，我才真正理解了《约伯记》。一次他穿着白色长袍，挂着一块标语，走进了教堂。他告诉我们说他是大天使。他看起来信誓旦旦，我们也相信了。最可怕的是，就算他什么也不做也能一直吸引我们的注意力，他一向如此。位于查塔努加（Chattanooga）的一座大教堂雇佣他，他离开了我们。优秀的人似乎总是会离开。

于我而言，有趣地讲真话十分重要，但没有太多人做到。很多听您布道的人都希望您能这么做。

——您的信众

不是每个人都能采用米勒在信中描述的演讲方式，不过这并不是重点。重点在于，作为交流者，我们需要找到某种能够从视觉上吸引听众的方法。有些演讲者会选用电影片段、幻灯片，或是图标。这些方式对我来说都不是特别有效。而我在演讲的时候，会经常运用面部表情和眼神交流。尽管频繁的眼神交流并不总是意味着建立了良好联结，但这些方式都能帮助我建立视觉层面的联结。坎达丝·萨金特（Candace Sargent）写信告诉我，一位演讲者看到听众中的一位女士在他演讲的整个过程中都与他保持着直接的眼神交流。"这令他十分激动，"坎达丝说，"他信心倍增！"后来，这位演讲者发现这位女士耳聋了，只是需要读他的唇语而已。

　　我鼓励人们运用笔记记下任何可以帮助他们建立视觉联结的事物。如果你能记下某些东西，它很可能成为你的一部分。在一次会议上，我的朋友特里（Terry）和珍·布朗（Jen Brown）送了一件我很喜欢的衬衫，上面写着："如果我在说话，你应该在做笔记。"这不是很多人在教学或演讲时会有的感觉吗？

　　我也用一些关键词来试着激发听众的想象力，鼓励他们在脑海中勾勒出生动的图画。当我第一次开始向我的组织 EQUIP 成员分享我希望在全球范围内招聘并培训一百万名领导者的憧憬时，我经常用到"想象"这个词。我要求他们想象一下，如果训练有素的领导人来领导发展中国家会发生什么，或者我会说："请想象一下，如果你投入时间和金钱，来打造能够改变他们所生活的世界的领导人，你会有怎样的感受。"于是大家打开了自己想象的闸门，他们乐在其中也一直对此很感兴趣。

讲故事

　　可以吸引人们的注意并让他们感到愉悦的最有效方法是插入故事。无论你是希望表现出幽默风趣、陈述事实、还是描述一个悲剧，穿插故事都会改善听众的体验。伊萨克·丹森（Isak Dinesen）引用了朋友的话："如果您将所有的悲伤情绪放到一个故事中或讲一个关于悲伤情绪的故事，所有的悲伤就都可以承受了。"冰冷的事实很难让人建立起联结。但好的故事会产生令人难以置信的影响，甚至可以帮助最不擅长沟通的人改善沟通，并促使他开始与他人建立联结。

无论是在对话中还是在演讲时，我都明白这一点，但一到写作，讲故事就变难了。我是一个务实的人。我的态度通常是：只要给我原则，我就会将它们运用到我的生活中。因此，我之前写作的几本书并不像我的公开演讲那般富有激情。老实说，我写的书只适用于像我这样的人，它们适合我，简单又实用，书里全是我收集的书单和名言。但这些书缺乏热情。

一位朋友帮助我真正认识到我犯的错误，他指出："你在演讲的时候同听众分享了有趣的故事，你带着听众们一起开启了一段旅程，你的写作也应该这样。"他说得没错。联结人们的是故事而不是数据。于是从那时起我在书中加入了更多的故事。

所有伟大的演讲者都会运用故事。亚伯拉罕·林肯是美国历史上最伟大的总统之一，他曾表示："他们说我讲了很多故事，我承认，但我发现，我长期的经验表明，对于忙碌的普通人来说，用一个普遍的故事来举例比其他任何方式更能让他们了解情况。至于那些吹毛求疵的人会怎么想，我不在乎。"

神经学家说，比起幻灯片和抽象的观点，我们的大脑生来就更容易接受故事。毕竟，故事跟人类一样古老。我们的生活中充满了故事，我们也喜欢讲故事。我们运用故事来理解自己的经历，当我们分享这些故事时，也可以帮助他人了解我们，了解他们自己，了解他们生活的世界。

多年来，我获得了能够吸引人们参与交流的演讲者的声誉。我的秘诀之一在于收集很不错的故事，并将其运用到我的演讲之中。

我收集了一系列层压卡片，卡片上记载着我长期以来发现的最好的故事。当我在过去听过我演讲的人面前抽出其中一张卡片时，他们可以确定以下四点：我会阅读这张卡片；这是一个幽默的故事；它会体现一个要点；我会像是第一次读到这个故事那般读给他们听。我相信坐在高脚凳上，抽出一张卡片并分享其中的内容是人性的一种体现。如果你记住了这些故事的片段，并将片段转述给其他人，虽然表面上显得你能言善道，但实际上他们的理解和故事的原意之间是存在着鸿沟的。但是，通过恰当的方式阅读这些故事，足以弥合这样的鸿沟，帮助你建立联结。我发现无论是于我还是于我的听众而言，这都是令人愉快的体验。

成为你希望倾听的人

保持人们的兴趣并与他人建立联结的最重要的一点是，你应该努力让自己成为希望倾听的那个演讲者。你喜欢哪位演讲者？谁在演讲的过程中与你建立了联结？你所喜欢的演讲者身上的哪些品质是你所欣赏的？

索尼娅·哈姆林在《怎么说别人才会听你的》一书中直指这些问题的核心，她呈现了在演讲者身上发现的两组品质清单，并且邀请她的读者们选出一个最能代表他们理想中的演讲者的清单。以下是她的名单：

清单 1	清单 2
温暖的	浮华的
诚实的	模糊的

清单 1	清单 2
友好的	缺乏热情的
激动的	复杂的
有趣的	傲慢的
博学的	不安的
有条理的	考究的
有创造力的	不敬的
自信的	古板的
激励人心的	单调的
尖锐的	真实的
封闭的	
正式的	
幽默的	

哈姆林进一步描述了每个列表中的品质如何对我们产生正面和负面的影响。不过我想，第一组品质会产生正面影响，而第二组会产生负面影响的原因是显而易见的。下一次听人演讲时，请带上这个不错的检验表，当你注意到演讲人身上呈现出其中的某种特质时，请在其旁边打一个钩。如果清单 1 可以完全概括一位演讲者的演讲风格和特质时，请好好研究这个人，看看他是否采用了一些可以使演讲变得有趣的技巧，也许你也可以采用这样的技巧。

无论多么努力，没有人可以与所有人保持联结。尽管我努力成为一名高效的演讲者，但我知道我在发言时还是会冷落一些人。没关系，可以相信的是，我会竭尽所能防止他们打瞌睡。他们听的时间越久，我赢得他们注意力的可能性就越大，为他们增加价值的机会也越多。

成为你想联结的那个人

我对本章的担忧之一在于，它可能过多地强调了公共演讲。事实上，有许多公共演讲者没有建立联结，也有许多联结者不曾发表公共演讲。我曾尝试为一些希望提高口才的人提供一些方法，但我想提醒你的是，联结最主要的内容不在于成为一个更优秀的演讲者，而在于成为那种他人渴望与之建立联结的人。

比利·霍金斯（Billy Hawkins）告诉了我一个故事，这个故事很好地说明了通过创造一种别人喜欢的体验来建立联系意味着什么。他解释道：

我们的少儿部有一个六岁的小男孩奥利（Ollie），他的生活很大程度上是由国家支持的。他的母亲自杀了，父亲几次入狱。于是我决定我的目标是同奥利建立联结。每到星期天，我会对他说一些鼓励的话；每到星期一，我会给他寄一封信。有一个星期天，我注意到他背对着其他孩子独自坐在地板上，他的面前有一堆被他摊开的纸。

我看着他依次捡起一张纸，假装阅读它们，然后将它们依次放回地板上。他拒绝参加项目，他唯一想做的就是看他的纸。

我有些担心，于是坐到了他旁边的地板上试图弄清楚情况。当我走过去跟他打招呼时，我注意到其中一些纸上有我的字迹。

"你好，奥利，"我说，"你都看出了些什么呢？"接着我受到了震撼——这是我整个学期寄给他的所有信。他看着我，拿着这些被雨淋湿的信，说："这些信对我很特别。"我的眼里满是泪水。

几年后，奥利住进了一家儿童精神病医院。尽管医院一般不允许访客进入，但鉴于比利同奥利的联系，她被允许探望奥利。比利总结了这段经历：

能与一个精神世界一片混乱的孩子建立联结，并让他知道他对于上帝而言是多么特别，多么受到宠爱，这是一种怎样的殊荣。

永远不要低估联结的力量，也不要低估你通过努力创造令他人愉快的体验所产生的影响力。

从各个层面与他人建立联结

联结实践：联结者创造令所有人愉快的体验

关键概念：努力为你所处的交流环境创造合适的体验

一对一联结

人们享受一对一的交流常常是因为已经建立了亲密关系。亲密关系不一定与爱情相关，它仅仅意味着通过双方的诚实交流所建立起的联结关系。你可以通过执行本章中的某项建议来建立这种关系，例如提问、运用幽默或讲故事。

在团体中建立联结

通常，在团体中，人们最喜欢的体验是团队合作。作为演讲者，如果你可以帮助人们形成一种共通的成就感，参与者会因此感到同你和其他成员的联结。下次负责领导一个小组时，请要求他们共同完成一些令人愉快的任务，并确保每个人都参与其中，然后观察这样的做法会对团体能量的高低和融洽关系产生怎样的影响。

与听众联结

当人们在聆听演讲时，他们会希望演讲是有趣的。下次在听众面前演讲时，请尝试一下某些我在本章中分享的相关技巧。尤其是，把讲故事作为演讲的一部分。即使是一篇干巴巴的报告或是高度事实化的陈述也会因为一个精彩的故事而充满生气（或许这样的演讲是最需要一个好故事的）。

如果你过去从未使用过故事，那么从现在开始，尝试运用故事来与他人建立联结；如果你已经使用过故事，请思考一下如何改善讲故事的方法。马丁·蒂伦（Martin Thielen）参加了田纳西州琼斯伯勒举行的国家故事节（National Storytelling Festival），他发现最佳的讲述人呈现的作品具有以下几个特点：

· 热情。讲故事的人显然很喜欢他们正在做的事情，他们在表达自我时充满活力和愉悦。

· 生动。演讲人有着生动的面部表情和手势。

· 听众参与。几乎每位演讲者都通过某种方式让听众参与进来，他们会邀请听众唱歌、鼓掌、重复演奏或是打手语。

· 即兴。虽然演讲者把故事背了下来，但他们会根据听众的反应临场发挥。

· 没有注释。这完全是一次口头活动。演讲者不是在朗读故事，而是在讲故事，他们和听众可以进行眼神交流。

　·幽默。即使是严肃或悲伤的故事也可以来点儿幽默。

你能够使用其中哪些方法来让你的演讲变得更生动？

9

高度激励能够鼓舞人心

芝加哥威路克里克社区教堂的创始人比尔·海伯斯（Bill Hybels）每年举办一次领导人峰会，数万人或是亲临现场或是通过卫星连接参加这次峰会。这对于各个教会领袖而言一直是一次有影响力的重大活动。我有幸时不时地受到邀请前去演讲。2008 年，比尔在闭幕式上发表讲话，他演讲的主题是领导者激励他人的重要性。在开始演讲前，他提出以下问题：

在工作和生活中得到高度激励对一个人来说到底有多重要？我对动力的重要性进行了一些研究，其中一些研究的结果令我震惊。

我从很多研究中了解到，充满动力的员工的绩效比缺乏动力的员工的绩效高出 40%，甚至更高。居然有 40% 的绩效差别——着实令我震惊。我了解到的一项研究表明，有动力的员工离开公司的可能性比缺乏动力的员工的低 87%。我了解到的许多研究表明，员工如果工作积极性提高，那么他打电话请病假的天数会大幅减少，保险索赔率和偷窃率降低，浪费的工时更少，而类似的列举还在不断增多。对比有动力的人和缺乏动力的人所取得的最终结果、可交付成果或成就，其差异是巨大的。但更多时候，你是因为自己的经历而认识到了这样的差异。你会明白如果有人激励了你，你会付出更多努力。

毫无疑问的是，每个人都会因动力而获益，每个人都想受到激励。当我回顾自己的生活时，我会发现，自己对工作的热情往往取决于当时领导者励志素质的高低。

这可以一直追溯到我在文法学校上学的时候。我五年级在霍顿先生班上时比六年级在韦伯夫人班上时更加努力。我在初中和高中时也是如此。在内夫顾问的带领下，我打篮球的强度要比在肖顾问的指导下的更高。而在我开始工作时，依然如此。尽管这些组织都有着同样的使命，我却花了更多时间来完成汤姆·菲利普（Tom Phillippe）领导的组织的憧憬。

同样是非营利组织，但我捐给汤姆·马林斯（Tom Mullins）领导的组织的钱是最多的。在以上每一个案例中，之所以会有差异是因为我受到的激励程度不同。有些人会相对给予我们更多的鼓励。

激励的意义

这些年来，我一直在研究那些激励他人并同他人建立联结的领导者们和演讲者们。参加演讲时，听众们一开始便会下意识地问一些问题，譬如哪些演讲内容与自己息息相关，这位演讲者是否可信。除此之外，他们也很关心演讲者的演讲方式。

我曾亲眼见证高效的演讲者激励他人，顺势总结出了一个有效的方程式，我称之为激励方程（Inspiration Equation）。这个方程式是这样的：

听众知道什么 + 听众看见什么 + 听众感觉到什么 = 激励

当这些因素发挥作用时，演讲者能够将其整合，进而产生的协同作用将会激励听众。在这样的励志基础上，你往往可以引导听众采取行动。让我们一起来看看这个励志方程的每一部分。

听众需要知道什么

不会建立联结的演讲者在思考听众们的需求时，关注的重点总是信息知识。但这不是我想谈的重点。要想与听众们建立联结，你需要让他们知道你是支持他们的。古希腊哲学家亚里士多德清楚地认识到了这一点，并在《修辞学》（The Rhetoric）一书中做出了解释。

亚里士多德认为劝服他人最重要的因素在于感染力（pathos），演讲者应当能够与听众产生情感、渴望、希望、恐惧、激情的共鸣。这样的能力能够给听众们带来安全感，让他们知道你是值得信任的，也让他们知道应该聆听你的发言。

那些看起来只关心自己的人是否激励了你？可能完全没有。我完全想不出有哪位成功的演讲者是不关心听众的。以自我为中心的人一般不会建立联结。

在你准备建立联结之前，听众们需要确认你是理解他们的。他们需要感受到你是为他们而来。优秀的演讲者明白，听众们完成某件事是出于自己的理由，而不是因为那个发言的人。相应地，优秀的演讲者关注的是听众们的需求，而非自己认为必要的事情。

能够建立联结的人也同样明白演员莉萨·柯克（Lisa Kirk）的这番话："八卦的人谈论的是别人，乏味无趣的人谈论的是自己，而优秀健谈的人谈论的是你。"这才是联结者会做的事，他们会激励你。

如果演讲者和领导者能明白这一点，他们将会对听众们产生巨大的影响。就像二战期间的那位船王亨利·J.凯泽，当时的美国正急需船舶，他凭借着对人性的了解，通过激励员工成功提高了船厂的产量。那么当时的励志口号是什么？竞争。凯泽告诉加州里士满工厂里的员工们，为了战争的胜利，他想看看他们的造船量是否能破纪录。

员工们备受鼓舞，不仅工作更加卖力，还提出了各种提高产量的建议。令人震惊的是，仅仅花了 72 天，他们就建造出了自由轮（Liberty Ships），而其他的造船厂平均需要花上两倍的时间。

你对人们的了解与关心会给他们留下深刻而持久的印象——如果他们知道的话。莉亚·凯里（Lea Carey）十分珍惜她的一位前任老板留给她的第一张便条。在她眼中，这位老板是她所遇到的最杰出的领导者。她说："每当我看着这些年来老板手写的便条，我的心还是会激动不已——因为这些都是他费了时间、花了心思的。"牧师亚当·亨利（Adam Henry）则永远不会忘记上一届老师对学生们积极的鼓励："将来有一天我能够说'我过去教过他。'"彼时的亚当和妻子大为所动："我们当时只是一对年轻的牧师夫妇，而这位德高望重的老师竟然说他将会因为认识我而感到自豪。即使现在回想起来，我依然很受触动。这位老师的鼓励完全有别于一句稀松平常的赞美，它在我心中深深地埋下了种子。"

当你准备面向听众进行演讲时，请务必让他们知道你理解他们，也希望帮助他们。你必须知道他们心中的励志语言，并对他们说出来。你要如何做到？请问以下这些问题：

·他们在想什么？在我进行演讲之前，我会尽力找出更多关于他们的讯息。我想知道他们所在的公司机构的文化和价值观。我想了解他们所肩负的责任。我想要了解他们的梦想。为什么？因为我想知道他们在思考什么。这样我就可以说出相应的励志语言。很多时候，演讲者往往是这样的态度：我是这样想的，坐下来，听我说。而联结者的态度则是：在分享我的想法之前，我会先坐下来倾听。

·他们在说什么？美国诗人作家玛雅·安吉罗（Maya Angelou）曾说：

身为朋友最必要的前提条件是拥有善于倾听的耳朵。

这同样也是作为领导者和演讲者去激励他人的前提条件。

优秀的领导者同时也是优秀的听众。为了更加有效地领导，他们会遵循这样的模式：先倾听再学习，最后领导。优秀的演讲者也会如此。他们会先听听众们在说什么，也会听他们是怎样说的，他们甚至会倾听那些没有说出来的话。演讲者就是这样解人心的。一些演讲者在开始演讲前正是通过这样的方式来了解整个会场的情况，这样的氛围也会影响他们交流的方式。即使演讲者的言论恰当，但在不恰当的情景中说出来，也很难帮助他同听众建立联结。

·他们在做什么？观察他人才能回答最后一个问题。每当我走进演讲场地时，我都会观察听众们正在进行何种活动，我也会观察他们的肢体语言，尝试判断他们的态度和能量水平。这也有助于我在演讲前解读演讲室内的氛围。

当然，观察也有助于建立一对一联结，让一对一交流不仅仅局限于中规中矩的谈话层面。在我最近的一次旅行途中，一位空乘引起了我的注意，他看起来很想为乘客们做点什么却又显得十分紧张。当他走到我的座位旁，我询问了他的名字。他告诉我他叫蒂姆（Tim），并承认自己刚成为空乘不久。

当他继续去帮助其他乘客时，我决定写点鼓励他的话。把便条给他之后，他回到座位上开始读起来，于是我观察着他的反应。接着我发现他把便条递给了另一位空乘，这位空乘也开始读了起来。

几分钟之后，第二位空乘走过来对我说："马克斯维尔先生，您花了五分钟写给他一张他会珍藏一生的便条。"鼓舞激励他人往往不会花很大工夫。需要的仅仅是让那个人知道你了解他，也关心他。

人们有必要知道你对他们怀有较高的期待。

总统亚伯拉罕·林肯极其擅长演讲。众所周知，内战期间，林肯总统常常在周三晚上造访白宫附近的一间教堂。教堂的牧师格利先生（Dr.Gurley）让总统坐在牧师的书房里，同时把通往教堂圣坛的那扇门打开，这样总统既可以听牧师布道，同时也避开了会众。

在一个周三的晚上，林肯在听完布道后由一位随从伴着散步回白宫，在回去的路上，这位随从突然问道："您认为今天的布道如何？"

"噢"，林肯答道，"今天的布道构思巧妙，叙事宏大，十分切题，呈现得也很完美。"

"所以这是一次很棒的布道喽？"

"不"，林肯回答道，"这是一次失败的布道。之所以说它是失败的，是因为格利先生没有让我们做些什么了不起的事。"激励人心的演讲者总是对听众抱有很高的期待。

每当我上前站在一群人面前演讲时，我都相信，无论是对于他们还是对于我自己来说，这将会成为一次美妙的经历。为什么会这样？因为我相信人性中最美好的那一部分，我相信他们能够（也想要）变得更好。我能肯定的是，每位有影响力的领导者和演讲者都具备这种积极的品质。他们相信自己能够帮助他人去完成了不起的事情。正如苹果公司的创始人之一史蒂文·乔布斯所说：

管理是说服人们去做他们不想做的事，而领导是激励人们去做那些他们不敢想象的事。

在与他人交流的过程中，我会做一些事情，可以称之为在他们的脑袋上"放一个10"。其实，如果将人划为1-10个等级，那么每个人都有达到"10"的潜质。我之所以这样认为，理由之一是源自我与生俱来的乐观。我相信上帝在创造人类的时候，赋予了每个人价值和不可估量的潜力。另一个理由在于，我相信人类的大多数时间都被用以回应他人的期待。如果我认为某个人的能力只达到了第5等级，那么无论是对他的态度还是同他交流的方式，都只会是"5"的标准。一段时间后，我极有可能肯定这个人的表现只能达到第5等级。这其中有何寓意？相反，如果我将一个人看作第10等级，他很有可能意识到这一点，并会做出积极的回应，尽力达到第10等级。

如果我们将他人视为他们理想中的自己，他们会因此备受鼓舞，努力提升自己的水平以达到我们的期待。

当然，有时候对他人给予过高的期望也可能滑向另一个可笑的极端。雅克·福廷（Jacques Fortin）表示，他同妻子分享了这个在人们头上"放一个10"的想法。过了一会儿，雅克从杂货店回到了家，他告诉妻子："我必须给一个女人20。"

"她很漂亮？"妻子问。

"不，她怀孕了。"

巴特·卢珀（Bart Looper）给我留言，想要进一步证实我们的期待能对他人产生多么巨大的积极影响。他解释说："有两个员工同时跟随了我三年左右。他们年纪相同，举止相似。我现在意识到，两个人之所以有着如此大的差距，全都是因为我。在过去的三年里的某个时刻，我将一个视为'10'而将另一个仅仅视为'5'。正因为我是这样看待他们的，他们按照这样的期待成长了起来。从周一早上开始，我一定要一视同仁地看待他们、训练他们、向他们分享我的憧憬，因为他们的潜力一样大。我需要做的只是让他们明白这一点。"

我一直希望在交流、写作、演讲的过程中向人们表明，我对他们抱有很高的期待。我给予一个人鼓励，是因为相信他能够成为最好的自己。当我坐下来写书时，预想读者们已经欣然接受我书中的观点，并因此成了更优秀的人。而在演讲的过程中，我相信听众们会做出积极的回应。我不断进行着各种大胆尝试，努力将自己最积极的那一面呈现给他人，希望借此激发他们人性中最光辉的一面。对于热情，听众们的反应是积极的而非怀疑的。他们更希望得到我们的鼓励，而不是了解我们有多专业。

牧师兼教授卡尔文·米勒的著作《赋权的沟通者》体现了大多数观众的感受。当某人开始演讲时，大多数听众想说的是："请向我保证，向因为自卑而千疮百孔的我保证，我终将相信自己。我一直都很恐高——请让我挑战珠穆朗玛峰。请向我保证，在您的演讲结束之后，我就能够攀登上这些巍峨的冰墙，能够借助上帝的力量将他威严的旗帜插在所有疑虑的高峰之上。请向我保证，我终将知道自己是谁，知道我为何而生。请像我保证这一切都是可能的。您应该首先抓住我的耳朵，才能进一步打动我的心灵。"

每个人都想受到激励。每个人都希望能得到某人的信任。每个人都在等待着一个人去挑战他们、鞭策他们、鼓舞他们成为最好的自己。如果你有机会向他人演讲，何不借此机会成为那个激励他们的人？

听众需要看见什么

是继续听你演讲，还是马上"关掉"不再听——对于这个问题，大多数听众能迅速做出决定。听众们的决定通常取决于他们看到了什么。而所谓的"看"始于表层的认知。作为演讲者的你看起来是否顺眼？你有没有微笑？你的行为举止是否积极向上？如果听众们没有在这几点上对你发出危险信号，一般情况下他们会愿意给你足够的时间来证明自己的观点。他们寻求的是：

听众需要看见你的信念感。一天，有人看见格兰哲学家兼宗教怀疑论者大卫·休谟（David Hume）大清早匆匆赶去听福音传教士乔治·怀特菲尔德（George Whitefield）布道。那人问他是否相信怀特菲尔德的福音布道。

"当然不信了！"休谟答道，"但是怀特菲尔德他相信，我想听一听一个信道的人是怎么布道的。"

拉里·菲尔普斯（Larry Phillips）评论说："钢和锡之间存在明显的差别，尤其是受到撞击的时候，差异更是显著。一个人真正发自内心的信念感听起来就像是'钢之声'。这样的人语气刚毅坚定，不可动摇。我们作为沟通者，需要有人提醒我们，我们的信念不能造假！不管用多大的力气去敲打锡，它也不可能发出钢的声音！"

激励人心的联结者拥有超越语言的信念感。他们传达的是自己内心深处所认同的核心价值观。他们肩负着说服他人并改变其观点的使命。演讲者究竟是在简单地传达信息还是在充满激情地表达内心，听众们往往很容易分辨。

总统林登·B.约翰逊（Lyndon B. Johnson）认为："令人信服的是信念。"请由衷地信服你所主张的论点，否则，你就死定了。因为无论你的论点的逻辑性多强、辞藻多么华丽，总有人会发现它有所缺失。如果演讲者自己都无法信服演讲主题，更何况听众们？

听众需要看见你的信誉。我有不少演讲活动都属于一次性交易。比如，我受邀做主讲嘉宾，我只有45分钟的演讲时间，因此需要在45分钟里将商品售出。不过，鉴于我过去作为牧师的经历，我需要周复一周地面对几乎同一群人进行布道，多年来也积累了不少经验。但是无论是面对同一群听众还是不同的听众，他们都在我的演讲中寻找着同样的东西：可靠性。

听众信任你，就会聆听你的演讲，也会接受你的鼓励。如果你只是进行一次性的演讲，听众们姑且会相信你，但前提条件是你信誉良好。而如果你要反复对同一群人进行演讲，就必须努力维持他们对你的信任。

听众需要看见证明你品性的证据。最后，听众们希望这位向他们传达信念的演讲者的品性是可信的。一个人若是值得信赖，其美好的品性不会因为一场演讲结束而消失，恰恰相反，这个人的日常生活的行为举止会继续体现这样的品性。

或许这也是为什么会有这样的说法：

平庸的老师照本宣科；优秀的老师解疑释惑；伟大的老师言传身教。

我们每个人的终极目标应该是身体力行，立行以求为言垂范。

领导印度独立运动的莫汉达斯·甘地正是最好的典范。甘地用语言来鼓舞人民。但他更多的是用自己的行动来激励人民的斗志。他对印度的独立作出了巨大贡献，树立起非暴力抗议的榜样，使得印度人民团结一致，追随他的脚步，为印度脱离英国的殖民统治而奋力抗争。

这正是品性的力量。正如作家、演讲家兼教练布拉德·科克（Brad Cork）所说："联结能够在很大的程度上赋予你影响你所做的一切的能力。"

前面已经提到，听众们会迅速决定是否要继续听一个人说话。他们之所以做出这样的判断，很大程度上是因为表面印象。而他们决定继续听一个人说话是因为更深层次的认知，而这种认知往往与这个人的可靠性相关。下一章我将详细解释。

听众需要感受什么

要想激励他人，很重要的一点在于确保听众们知道自己需要知道的内容。确保听众们看见他们需要看见的内容也同样重要。但在激励方程中，最重要的因素还是他们的感受。如果遗漏了这一点，听众们没有感受到他们需要感受的内容，那么他们永远都不会受到鼓舞。

听众们不一定能记得你说了什么或你做了什么，但他们一定会记得你带给他们怎样的感受！

如果你想要鼓励听众，你需要让他们感受到三件事；

听众们需要感受到你对演讲主题的激情、对他们的热情。仅有憧憬而没有激情不会激发任何改变，憧憬必须用激情来巩固。历史上有不少这样的例子。如果马丁·路德·金没有站在林肯纪念堂的台阶上宣布"我有一个计划"，就没有合理的策略指导民众们站起来反对压迫，民众们也无法改变对待他人的方式。相反，对于那些遭受偏见、渴望平等的人，马丁·路德·金说："我有一个梦想！"

作家、教授兼领导力专家约翰·科特在《紧迫感》一书中是这样形容金的演讲的："因思想而驱动的变革并不鲜见，而且在当时不少人提出了这样的思想变革：黑人受到的待遇有悖这个国家长久以来最为珍视的价值观，而这样的悖离产生了有害的影响；浪费黑人的才能破坏了这个国家的利益；黑人与白人之间的愤怒与冲突造成了资源的浪费，也伤害了民众的感情。金的演讲简洁地论述到了以上各点，但这篇演讲最为精彩之处在于，其论及正义与道德时所用到的充满了诗意的修辞比喻和洋溢着激情的遣词造句重重地叩击听众的灵魂深处。他将愤懑与焦虑转化为即刻采取补救偏弊行动的承诺，直击听众的心灵。他将侥幸自满变成刻不容缓，震撼听众的心灵。当天没有参加集会的数以千万计群众，通过电视机或收音机，了解到了这场演讲。人们感到愈发紧迫，紧接着采取了必要的行动，一年前可能不会通过的法案如今得到批准。

没有激情的憧憬是一幅描绘不出的图画。

激情是充满力量的。激情可以取代口号。乔斯·麦克默伦（Joyce McMurran）表示："我坚信无论你在做什么，你的激情与目标总会显露出来，并对你正在做的事情产生影响。"不是吗？

一个人可以说出或写出演讲的要旨，但要使其具备激励人心的力量，演讲者必须用激情去孕育这一要旨。这就是为什么丽思卡尔顿酒店（Ritz-Carlton Hotel Company）的创始总裁兼前首席运营官霍斯特·舒尔策(Horst Schultze)说："除非你发自真心，否则你什么也不是。激情、关怀、真诚地追求卓越。如果你履行职责或完成工作只是顺应流程，那么你现在其实已经退休了。在我看来，大多数人到了28岁就退休了——这让我感到恐惧。"

许多年前我还住在圣地亚哥的时候，我有一位叫作格里·史蒂文斯(Geri Stevens)的朋友，她是该市司法部门中陪审团甄选程序的负责人。每周一都会有新的一批候选陪审员来法院，格里会请他们谈一谈自己的职责。

如果你曾经坐在这些候选陪审员室里，你就会知道这不是一个令人心情愉快的地方。陪审室里往往满是心情低落的人们，没有人鼓励他们来这儿。好几个月，格里都在鼓动我参加陪审员选拔，一个周一的早上我终于被说服了，决定去参加其中一次选拔会议。我对所发生的事情感到惊讶。

格里站在这群无动于衷的听众面前，十分激动地说道："这将会是你们一生中最为精彩的几周之一。"这句话引起了人们的注意。在接下来的45分钟里，她继续慷慨激昂地谈论美国的伟大，以及每位公民都享有公正的审判权。她向这些候选陪审员解释了为什么他们的决定至关重要，以及为什么他们会成为代表这个令人向往并赞美的国家的典范。当她的励志演讲临近尾声时，候选陪审员们爆发了热烈的掌声，她的热情感染了他们。他们受到了鼓励，已经开始期待着被选中成为正式的陪审员。

当你演讲的时候，你是否有激情？真正的激情不仅仅是一种可以煽动听众，让他们也变得兴奋的情绪。真正的激情来源于一种更深层次的情感。如果你不太确定，请在下次演讲前问自己下面四个问题：

· 我相信我说的演讲吗？

· 演讲是否改变了我？

· 我相信这次演讲会对他人有所帮助吗？

· 我是否看到我的演讲改变了他人？

如果这些问题的答案是肯定的，那么你将不仅仅照亮人们心中的黑暗，而且会与他们一起，升起心中的火焰。如果你拥有这样的热情，你也会点燃他人。

听众们需要感受到你对自己的信心和对他们的信心。我已经说过，激情价值非凡，因为它能催人奋进。为什么？因为激情会让一个人对"值得吗？"这个问题做出肯定的回答。但仅仅拥有激情是不够的。人们必须感受到你的信心，因为信心才能激励他们对"我能做到吗？"这个问题做出肯定回答。如果人们能轻松回答这两个问题，也就意味着他们受到了激励。从那时起，他们会愿意做出改变，并通过改变为他们的生活带来积极的影响。

你是否听过一位缺乏自信的演讲者当场承认自己十分紧张？你有什么感受？有信心吗？你很有可能会比以往更加担心这场演讲将怎样继续下去。那些引起听众担忧的演讲者难以让听众产生强烈的信心。事实上，这样的演讲者无法对听众产生任何激励。

演讲者要想帮助听众建立信心，必须先对自己有信心。我告诉你我相信你，以你的能力一定能做成某事，如果我对自己充满信心，你更有可能觉得我的话是可信的。

有些领导者和演讲者会自然而然地流露出自信，这样的自信会让其他人对自己也产生信心。据说富兰克林·罗斯福总统就是这样一个人。多丽丝·克恩斯·古德温（Doris Kearns Goodwin）在富兰克林和埃莉诺·罗斯福的传记《非常年代》（*No Ordinary*

Time）中指出，罗斯福不是最聪明的美国总统。他的身边围绕着一群比他学历更高、更有天分、更加博学的人。

但是，他对自己和美国人民有着令人难以置信的信心。

罗斯福的白宫法律顾问山姆·罗森曼（Sam Rosenman）指出，总统有一种让人们对自己产生信心的能力。山姆指出，受罗斯福的信心感染的人会经历这样一个过程："开始感受到信心，逐渐产生信心，因充满信心而感到喜悦，最后用十倍自信回报他所给予的信心。"劳工部长弗朗西斯·珀金斯（Francis Perkins）表示："在与总统面谈之后，我会觉得好一点，虽然这并不是因为总统解决了什么问题，而是因为他让我觉得心情更加轻松，自己变得更加强大坚定了。"

如果你并非洋溢着与生俱来的自信感，请至少不要灰心丧气。如果你能学着运用正确的方式进行演讲，你依然可以帮助听众对自己产生信心。帕特森（Patterson）、格兰尼（Grenny）、马克斯菲尔德（Maxfield）、麦克米兰（McMillan）以及斯威策（Switzer）在他们的《影响者》（*Influencer*）一书中讲述了一群美国汽车工人参观一家日本汽车工厂的故事，美国工人回国之后希望能让他们的同事知道，大家都需要更加努力并加快速度。这个故事说明，几乎每个人都能够学会与他人更好地建立联结。下面这个节选，说明工人们尝试了各种沟通方法，最终明白了应该如何与他们的听众建立联结，让听众们不仅对他们这群演讲者产生信心，也对自己产生信心：

工人们召集了一群同事，并向同事们宣布了他们的发现——由于工作速度更快，更加协调一致，平均每位日本竞争对手的生产量要高出他们至少40%。这番公告极其简洁又十分不被看好，快结束时，组织集会的工人在一片嘘声中被自己的工友轰下了台。

不过这群出国的工人们没有气馁，他们又聚集了另一群工人，将他们的所见所闻更加简短地陈述了一番——但嘘声更多了。最后，这支出国团队的领头者选了一位最擅长讲故事的人，准备让他来对召集的第三批工人进行演讲。他没有立刻切入主题，而是振臂高呼："工人们团结起来，否则我们就完了！"——这样会毁了这次演讲的主旨。这位十分有天分的故事讲述者反其道而行之，花了整整十分钟生动形象地叙述了他们在日本的所见所闻。

当这支工作队到达日本时，他们发现了一个值得观察的人，工作队很肯定这个日本人会对他们装模作样。果不其然，日本厂方装了装样子。但是工作队并没有被糊弄过去。接着，他又讲到他们偷偷溜进这家日本工厂，暗中监视着他们。不过，等等，日本工人的工作速度更快了。这令人沮丧。如果日本工人的工作效率继续超越美国工人的效率，那么日本公司就能够降低成本，并占领市场，而美国公司只得缩减规模，美国工人也会因此丢掉工作。

偷偷监视了日本工人的工作队成员回到了酒店，他们试图想出方法以其人之道还治其人之身。突然工作队灵光乍现。为什么他们不试一试日本的生产流水线，看看自己能不能应付得来这些工作？于是在接下来的几天里，工作队开始尝试日本的各种流水线工作，并且轻松地完成了工作。不过是工作而已，没有什么是他们应付不来的。最后是这场演讲的点睛之笔："如果我们能采取正确的方法，就可以将命运重新掌握在自己手中，并且能挽救我们的工作。"

这位讲故事的汽车工人在演讲的过程中充满了信心，这让他的工友们也对自己有了信心。信心是一场激励人心的演讲的必要因素。

听众需要感受到你对他们的感激。激励听众的最后一个因素在于感激——对自己的感激和对听众的感激。这种感激之情是应该的。作为演讲者，你应该感激听众们愿意听你的演讲，而你更应该感激他们因为演讲受到激励，而将演讲内容记在了心里。

所有美德中，人们最容易忽视也最不常表达的是感恩。

大多数人就像那位跟移民店主的父亲抱怨的儿子，他说："爸爸，我不明白你为什么要开这家店。你用雪茄盒收钱，把应收账款滚动地打印在小票上，而所有的现金都放在收银机里。这样你永远都没法知道有多少利润。"

"孩子"，店主回答道，"我来告诉你一些事情。当我踏上这片土地时，我的唯一财产是我身上的这条裤子。如今你的姐姐成了一位艺术老师，你的哥哥成了一名医生，而你是一名注册会计师。我和你的妈妈有了一栋房子，一辆车，还有这家小店。把这些都加起来，然后减去这条裤子的价钱，就是你所有的利润。"

不是谁都能接受无言的感激。
——格拉迪斯·斯特恩（Gladys Stern）

这句话实在太对了。这也是我为什么一直在努力培养一颗感恩之心，并努力不停地向他人表明我的感激之情。我努力对小事表示感激，而至于大事，我有时会刻意地做点什么以示感激。

2008 年夏天就发生了这样一件事。临近我心脏病发作的十周年，我越发感激那些曾经挽救了我生命的医生。为了表示感激之情，我和玛格丽特决定邀请医生们及其亲眷参加晚宴，以此庆祝我（迄今为止）又多享受了十年的生活。我们商定了一个时间，在朋友家中安排了晚宴，请厨师准备了五道菜，我还特地为这次晚宴写了点东西。

事实证明，那个夜晚极其令人难忘。我们一边享用着美味的食物，一边愉快地交谈。几个小时之后，我读了下面这封信：

约翰·布莱特·凯奇（John Bright Cage）医生和杰夫·马歇尔（Jeff Marshall）医生：

十年前我的心脏病发作时，上帝派你们俩来拯救我的生命。这是一封发自我内心的感谢信。我必须写出这封信对你们切实地表示感谢。我认为不是每个人都能接受无言的感激。

你们一生都致力于帮助他人。可以肯定这些年来许许多多的人都因为你们而重获了新生。我凭这"新生"已经活了十年。借着上帝的仁爱和你们的馈赠，请允许我在这里简单地分享一下这十年来发生了什么：

- 我和玛格丽特以及我的家人们愉快地度过了额外的十年。
- 我的五个外孙出生了，他们很讨我的欢心。
- 我写出了38本书，销量达到了1500万本。
- 我被载入了亚马逊网站的名人堂。
- 我荣膺"世界排名第一的领导大师"这一称号。
- 我发起了三个领导力活动：

催化剂（Catalyst）——一个年轻领导人的会议，参会人数平均每次达到12000人

最大影响力联播（Maximum Impact Simulcast）——每年参与人数达到100,000人

交流（Exchange）——高层行政人员的会议

·我的两家公司飞速发展：

INJOY 管理服务（INJOY Stewardship Services）已与 4,000 家教堂建立了合作伙伴关系，并筹集了超过 40 亿美元的资金。

EQUIP 已在 113 个国家培训了 300 万名领导人。

·我有幸在联合国、西点军校、美国国家航空航天局、中央情报局以及许多世界 500 强公司发表演讲。

·最重要的是，超过 7,500 人因为我的教导而接受了基督信仰！

凯奇医生，当您递给我名片并告诉我说："约翰，上帝要我照顾你。如果你有需要，请随时致电给我。"这并非"偶然"。马歇尔医生，当我在医院里见到您的团队，您告诉我说："我们是来照顾你的，一切都会好起来的。"这也并非"意外"。

过去的十年里，我一直在向上帝表示我对你们两位的感激之情。今晚，我满怀爱意与感恩，写下了这封信，谢谢你们！

你们的朋友，约翰

玛格丽特各给了他们一封我刚刚读过的信。我热泪盈眶——他们也是。在接下来的 30 分钟里，我们相互拥抱并表达了对彼此的爱。这是一段不可思议的经历。尽管我尽了最大的努力，却依然无法充分表达我心中的感激。

如果你希望听众感受到激情和信心，受到激励，你必须表达自己的感激之情。而要想表示感激，首要条件是你必须是一个心怀感恩的人。没有感恩之心的人是无法表示感激之情的。好在，无论怎样，感恩的品质是可以培养的。我们每个人都应该努力学习 18 世纪的马太·亨利（Matthew Henry）。当他遭到抢劫时，他在日记中这样写道："请允许我首先感恩，我之前没有遭到抢劫；其次感恩，虽然他们抢走了我的钱包，却没有取走我的性命；第三感恩，尽管他们抢走了我所有的钱，但数额却不大；第四感恩，是我而不是别人遭到了抢劫。"

从被激励到采取行动

当演讲者同时考虑这三件事：

听众知道什么 + 听众看见什么 + 听众感觉到什么

得出的结果就是激励人心。这也是《口才制胜：讲故事的艺术》的作者杰里·韦斯曼所说的"啊哈时刻"。

韦斯曼写道：

如果听众的头上突然有灯泡亮起，这样的景象就代表着"啊哈时刻"的到来。当一个人的思想成功地被另一个人所吸收时，这代表理解和赞成的时刻就到来了，这样的时刻是令人心满意足的。这是一个神秘的过程，如语言一般古老，又如爱一般深厚。人类运用词和符号来理解另一个人并找到共同点的能力，本身就是一种理念、一个计划和一个梦想。

或许你过去做节目主持人、演讲者、销售员、交流者时，有过这样令人愉快的时刻，当观众和你进行眼神交流、对你微笑以及点头时，你可以看到他们头上的灯泡亮了起来。当你知道你的听众愿意去适应你的节奏时，啊哈时刻就到来了。

一些交流者止步于此。他们会给予人们鼓励，让他们感觉良好，让他们充满信心，但是这样的交流者从来不会引导他们采取实际行动。多么悲哀！让某人感觉良好是不够的。理解改变思维。行动改变生活。如果你想切实帮助他人，你需要让你的交流升级到更高层次——呼吁他们采取行动。

正如玛丽贝斯·希克曼（Maribeth Hickman）所说："联结在'就是这样做'和'现在开始做'之间架起了一座桥。"受到激励的人什么时候采取行动？就是你做以下两件事的时候：

在恰当的时机说恰当的话

要想让人们从受到激励转而采取行动，你必须组织恰当的语言，并在恰当的时刻说出来。优秀的领导者理解时机的重要性。在我的《领导力 21 法则：追随这些法则，人们就会追随你》一书中，我写到了时机原则："时机和做些什么、达到什么目标一样重要。"无论进行何种努力，时机往往是成功和失败的关键所在。优秀的交流者清楚恰当语言的重要性。小说家约瑟夫·康拉德（Joseph Conrad）表示："语言让整个国家轰动，并让我们社会结构赖以生存的干燥坚硬的土地发生剧变。若我拥有恰当的语言和腔调，我就能移动整个世界。"语言和时机的结合是如此强大。

特里·费尔伯在《我说明白了吗？》一书中写到了珍珠港事件发生后罗斯福总统是如何准备他在国会的演讲的。特里解释说罗斯福的一稿中写道："昨天，1941 年 12 月 7 日——这是将被载入世界历史的一天，因为美国遭到了突然的蓄意袭击……"当秘书将这篇 500 字的演讲稿打出来时，罗斯福从头到尾浏览了一遍，仅仅改动了一处。他划掉了"世界历史"这两个词，把它们替换成了一个精挑细选的词："遗臭万年"。费尔伯写道："众所周知，'这是个将遗臭万年的日子'是一位美国总统的发言中最为著名的几个词。选择恰当的用词将会促成一次流芳百世的演讲。"

在珍珠港事件发生后的第二天，这个短语让整个国家都沸腾了。数千名美国青年在听到了这样的短语而应征入伍。而美国人民也做好了艰苦战斗的准备。

给听众一个行动计划

一个老故事是这样说的：一位农民问他的邻居："你会去听新农业技术推广官的课吗？"他的邻居回答："呸。我了解足够多的农业知识，只是还没全部运用上而已。"大多数人都是这样的，他们所拥有的知识比他们坚持运用的要多得多。优秀的交流者会帮助人们克服这样的问题。

我认为自己是一名善于激励人的老师，而不是善于激励人的演讲者。这二者有什么区别？善于激励人的演讲者会带给你良好的感觉，但是第二天你就会不确定自己为什么会有这样的感觉。善于激励人的老师也会带给你良好的感觉，但第二天你知道自己为什么会有这样的感觉，并且会实施行动。换言之，第一种交流者希望你感觉良好，而第二种交流者希望你实践得好。我曾了解到这样一组数据：95%的听众都明白交流者的意思，也同意他所表达的观点。但是，他们并不清楚该如何将演讲者所说的应用到自己的实际生活中。是不是出人意料？这也是为什么我通常会给听众们制定一个行动计划。这同时也是我开始写书、发行音频课程的原因之一。我希望听众们能学到一些可以应用于自己的生活并对其持续产生益处的知识和想法。我希望帮助人们从"知道怎样做"转变为"马上就做"。

联结者会激励人们从"知道怎样做"转变为"现在就做"。

很多时候我都会教听众们采取十分具体的步骤。即使演讲的主旨十分宽泛，并不适合化作具体的步骤，我依然会根据"行动"

（ACT）这个词为人们推荐一项行动计划。

我告诉他们，根据演讲中你所学到的内容：

·在那些你需要应用（Apply）到自己生活中的知识和想法旁写上一个字母 A。

·在那些你需要改变（Change）的事情旁写上一个字母 C。

·在那些你需要去传授（Teach）的知识和想法旁写上一个字母 T。

接下来我会鼓励他们选出一条并在 24 小时内践行，并向另一个人分享他们从演讲中学到的最重要的知识和想法。可能看起来挺简单的，但一旦实施起来，就足以改变一个人的一生。

保证激励的连续性

诺姆·劳森（Norm Lawson）讲述了一位犹太教士和一位制皂者的故事。二人一同散步时，制皂者问道："宗教有什么用？看看这个糟糕又悲惨的世界！就算有宗教许多年甚至几千年来一直宣扬的善良、真理和和平，就算有这么多的祈祷者、布道、教诲，世界依然是这个样子。如果宗教真的有意义，为什么还会这样？"

犹太教士什么也没说。两人继续走着，突然他们看到一个孩子在排水沟里玩。

接着犹太教士说："看看那个孩子。你说肥皂可以使人变得干净，可你看看那个孩子身上的泥土。肥皂又有什么用？肥皂被制造出来的这些年里，就算用上全世界所有的肥皂，这个孩子的身上依然脏兮兮的。我想知道究竟肥皂有什么效果？"

"但是，只有用了肥皂才有效果！"制皂者争辩道。

"确实如此。"犹太教士回答道。

雷蒙德·马斯特（Rymond Master）认为，"我们的社会似乎一直在寻求一件又一件激励人心的事，我们一直在追寻下一件令我们感觉良好的事，但是却很少付诸实践。"多么悲哀。

一些学者认为，理解和行动之间并非总是泾渭分明。一位语言学家表示，在多达 20 种原始语言中，表示"听"和"做"的是同一个单词。只是我们的现代语言将二者区分了开来。作为交流者，我们需要让我们听众重新回归这样的本质。而这需要我们保证不断地同他人建立联结，并激励他们、鼓励他们采取行动。

> **我衡量伟大的方式是：你影响了多少人？在你的一生中，你可以影响多少人？你让多少人产生了"变成更好的自己"的想法？或者，你可以激励多少人？**
>
> **——演员威尔·史密斯（Will Smith）**

如果最终我们的演讲结束时，对听众们的影响也仅限于此刻，那么我们的交流又有什么意义呢？

激励他人的真正目的并不在于赢得掌声，其价值也不在于能否为听众带来或是激发听众的积极感受。检验激励是否有效的试金石是行动，行动是真正的分水岭。

如果你想要与人建立联结，你必须努力激励他人。但请不要为了激励而激励，你的目的不是让自己或他人感觉良好。如果你能够激励他人，那么你也能够让这个世界变得更美好。

从各个层面与他人建立联结

联结实践：联结者激励人心

关键概念：人们最能记住的是你带给了他们怎样的感受。

一对一联结

激励方程中的三个因素都发挥着积极作用，但在不同的交流环境中，三个因素有着不同的价值。在一对一交流中，人们看到了什么是最重要的。真实的你可以激励你最亲近的人，也可能让他们泄气。你无法隐藏真实的自己。在一对一交流中，你的性格会给他人留下最深刻的印象。

那么哪些品质能够帮助你同他人建立联结？他们希望能看见以下品质：

· 服务之心——人们需要知道你愿意为他们服务

· 正确的价值观——通过你的言行来展现你的价值观

· 乐于助人——为他人增加价值并鼓励他们

· 关怀精神——人们不关心你知道多少，除非他们知道你有多关心他们

· 信任的态度——人们亲近那些相信他们的人

在团体中建立联结

当你激励团体成员时，最重要的是人们对你有多了解。他们想知道你做了什么，因为这是证明你值得信任的最佳证据。如果人们了解你的成就也尊重你的成就，而你反过来也信任他们时，那么他们也会对自己产生自信，也会产生行动的勇气。

团体成员希望：

· 看到你身先士卒，率先垂范
· 你能要求他们去做你做过的事或是做他们愿意做的事
· 你能教他们做你做过的事
· 在你看来，他们的成功比你自己的成功还要重要
· 因为他们获得的成就而得到赞赏
· 还希望你能赞美他们的成功

与听众联结

在与听众交流来建立联结的过程中，最重要的因素是你带给了他们什么样的感受。由于演讲是远距离交流，大多数时候，听众们没法真正了解演讲者或演讲者的性格。也许有人向他们透露过演讲者的成就，但是听众无法确定这些成就是真的。

他们只能凭演讲者站在舞台上演讲的几分钟做出判断。如果听众感觉良好，他们会觉得与演讲者建立了联结。如果他们觉得不好，联结也就无法建立。因此，如果你准备对听众进行演讲，请务必确保你会从情感层面同他们建立联结。以下几个方法将对你有所帮助：

· 让听众看到你很享受同他们待在一起，并且想要帮助他们。
· 让听众感觉到你是他们的朋友。
· 让听众感受到你并不完美，但一直在完善。
· 让听众体会到你是在与他们平等地交谈，而不是居高临下地指挥他们。
· 让听众感受到你对他们的信任，让他们也相信他们自己。

— *10* —

善于有效社交的人，善于身体力行

通常当一个人刚刚登上新的领导岗位时，下属们往往是满怀希望的，他们希望自己的领导能做得很好。如果领导十分擅长沟通，又能同下属们建立联结，他们是会听从这位领导，信任他并跟随他的。但这样的"蜜月期"却不太持久。

无论是私人关系还是职业关系，前六个月里为了对对方做出判断，我们关注的往往是对方的沟通能力。难道不是吗？我们会对一个不擅长沟通的人产生怀疑，反之，我们就会对他产生期待。举例来说，如果我们的新老板善于辞令，又有着令人无法抗拒的形象，我们会信服并跟从他。当我们和新的邻居或是新的同事建立了良好的联结关系时，我们会觉得自己拥有了一位新朋友。当我们遇到了一个人并最终携手与其步入婚姻殿堂时，我们觉得一切都会一直这般美好。

信誉是领导者和交流者的货币。有了它，他们就有了支付能力；没了它，他们就会面临破产。

对于大多数人来说，蜜月总是甜美的。但蜜月之后的婚姻生活却不一定一直如此。

有什么区别？信誉！请看看信誉在各种关系中发挥着怎样的作用：

前六个月——沟通能力比信誉重要。

六个月之后——信誉比沟通能力重要。

一个人越是经得起时间的考验，就会变得越可靠。而时间越久，不可靠的人越发显得糟糕。只有足够可靠的领导人才能够同人们持续建立联结。

信任是一切的基石

2009年，贝拉克·奥巴马就任美国第44届总统。在我写下这些话时，他在任的时间还不足6个月，大家对他依然心存希望。这位总统是一名优秀的交流者。他知道如何与人民建立联结，在竞选巡游时表现得相当出色。卡尔·M.坎农（Carl M. Cannon）在"奥巴马获选的10个原因"（*Ten Reasons Why Obama Won*）中写道："他非常奇异地集合了肯尼迪的自律、比尔·克林顿的口才、罗纳德·里根的乐观及特氟龙一般的品质。"奥巴马在总统竞选中的表现确实相当出色。

而当读者们读到这本书时，应该已经过去了足够长的时间，对奥巴马总统的表现应该也有了定论。你要么不得不承认奥巴马总统确实可靠，他证明了自己是一个相当优秀的领导者；要么你会说他的沟通能力胜过了他的可靠性，他并不是言出必行。这正是可靠性的效力所在——不仅仅针对奥巴马总统，它可以检验每位政治家、领导者和家长。

> **随着时间流逝，一个人的行动最终会比他的言辞更加有说服力。如果他的言行一致，那么时间会成为他的朋友。**

建立信誉的关键在于赢得信任。斯蒂芬·M.R.科维（Stephen M. R. Covey）在《信任的速度》（*The Speed of Trust*）一书中谈及信任对商业活动的影响。他认为"信任意味着信心"，因为信任能够消除你的忧虑，让你摆脱束缚开始新的征程。斯蒂芬写道："信任度低是对生活和商业的一种隐性消耗，它会致使人们隐藏真实意图，在交流过程中有所保留，最终延误决策进程，缺乏信任也会阻碍创新和生产力。另一方面，信任能加快速度，催生出协作、忠诚以及最终的成果。"

信任在各种人际关系中发挥着重要作用，并且总是会对交流产生影响。要想长期做一名高效的联结者，你必须身体力行，切实践行自己所说的话，这样才能建立信誉。但如果你没有身体力行，人们对你的信任将会受到损害，你会失掉同他们的联结，他们再也不会听信你所说的话。归根结底，沟通的有效性更多地依赖于信使的性格，而不是消息的内容。

你就是你传递的信息

美国职业棒球大联盟中许多选手的行为令我感到沮丧。我从小就喜欢棒球，我是辛辛那提红人队的铁杆粉丝。

近几年，运动员们一直在刷新很久都未被刷新的记录，却是因为使用了类固醇。一位又一位看似伟大的运动员接连遭到使用类固醇的指控。有些运动员承认自己的确过着双重生活；有些人则不是拼命否认就是绝口不提。棒球是数据运动，如果因为运动员通过不正当途径来提升自己的比赛表现，那么数据也是不可信的，这会给棒球运动带来无法挽回的损害。

无论你是否有意为之，你即是你所传递的信息。人们是否会同你建立联结也取决于此。即使技艺最高超的表演者也无法一直戴着假面。真实的你最终会在舞台上、工作中、家庭生活中曝光。所以如果你希望与他人建立良好的联结关系，你必须首先成为那个你愿意与之建立联结的人。你如何形容自己、你传达了什么样的信息、你在实际生活中是怎么做的，三者需要保持一致。以下是我对此的建议。

同自己建立联结

我们同他人的关系很大程度上取决于我们同自己的关系。如果我们不能接受原本的自己、对这样的自己感到不自在、不清楚自己的优缺点，那么我们所做的一切同他人建立联结的努力都是徒劳无功的。如果对自己不了解，也无法悦纳自己，你怎么能找到同他人的共同点，并在此基础上建立联结？如果你对自己没有清晰的认识，你怎么会对他人有清晰认识？只有当我们了解了自己、喜爱自己、能和自己舒适地相处，我们才能敞开胸怀去了解他人、喜欢他人、与他们舒适地相处。这个时候我们才会具备与他人建立联结的潜力。

与自己建立联结的第一步是通过自我评估来认识自我。我们需要有自知之明。可以通过测试来了解自己的优势，为自己留出反思、记日记、祷告的时间，或者和他人讨论你的缺点。你必须有意识地去做这些事。耐人寻味的是，我们需要先在自己身上花时间，将注意力放在自己身上，才能自由地将焦点从自己转移到他人身上。

第二步是通过自我对话来学习喜欢自己。激励人心的大师齐格勒说："那个会一整天同你谈话，对你影响最大的人，是你自己。因此，自我对话时，你要格外小心。"如果你在内心不停地批评自己、说一些消极的话，你不会有自信，也不会对他人有信心。你应该积极乐观，不过这并不等同于否认自己的恶行，也不意味着可以掩盖自己的错误和问题，而是意味着在直面现实的同时对生活抱有积极的期待。

最近，我同一位在阿肯色州经营了一家成功的公司的朋友吃晚餐，席间我们谈到了一件事，他说："约翰，我所遇到的所有人里，你是最会悦纳自己的那个。"我认为这是很高的评价。我同自己相处融洽。我知道自己是谁。我不是一个八面玲珑的人。我的优点并不多——在我看来只有四个（领导能力、沟通能力、创造能力、人际交往能力）。但我有很多缺点。我试着坦承自己的缺点，重点发扬自己的优点，并在生活的方方面面保持诚实正直。除此之外我还能做些什么？

如果你从未花时间同自己建立联结，我希望从今天开始你能试一试。这并非自私的行为。我相信，只有当你了解了自己，并且同自己建立联结时，你才能够完成你注定应该完成的事情。

我也相信，当你知道自己应该做什么、不需要做什么的时候，你将能够更好地与人建立联结，并为他们增加价值。

纠正自己的错误

我已经提到，要想与他人建立联结，你必须拥有信誉。但当你犯错的时候，你还能维持多少信誉呢？这取决于你如何应对自己的错误。

一个不承认错误的领导者所传达的信息会受到质疑，最终会引发人们对这个人的诚实问题产生怀疑！

人非圣贤，孰能无过。无论是作为领导者、演讲者，还是作为丈夫和父亲，我都犯过错误。

生而为人总是不可避免地会把事情弄得一团糟。要想建立联结，你必须承认自己的错误。

这样你才能保持诚实，再次获得信誉。你必须乐于：

承认自己的错误。如果你所决定的事情并没有按照预想的方向发展，你应该给其他人一个解释。在奥巴马总统刚刚上任的前几个月里，我最欣赏他的原因之一是他愿意承认错误。当汤姆·达施勒（Tom Daschle）的内阁提名告吹时，奥巴马总统说："我弄砸了。"我欣赏这位总统的坦诚。

道歉。当你的行为对他人造成了伤害时，你需要承认自己的错误，并为此道歉。道歉往往是十分痛苦的，但及时道歉不仅是正确的决定，还会缩短你痛苦的时间，打开你的心结。

这也是为什么在这个问题上我们应该听取托马斯·杰弗逊的意见。杰弗逊说道："如果你必须吃掉乌鸦，趁它还小，肉还嫩的时候吃吧。"

补救。当然，如果你有能力的话，你需要找到一些方法来弥补那些被殃及的人。不久之前，我在一家机构的返场演讲上犯了严重的错误，事后我进行了补救。在我演讲的过程中，我从人们的表情中看出有些不对劲，但是一直没弄明白到底哪里不对劲。下了舞台不久，我突然想起来，我之前好像已经做过一次类似的演讲了。我给助理打了电话，她确认了我的怀疑。于是我迅速找到了主办方，向他道了歉，并请教他第二天能否向听众们道歉。主办方的态度十分宽厚。接着我主动提出明年我会全自费再次来到他的公司，为公司做一次免费的演讲。面对当时的情况，我认为这样做才是正确的。我没法让时间倒流，但我可以想尽一切办法去尽力弥补我的错误。

负责

你可能已经了解到，我喜欢研究领导者，尤其对美国总统感兴趣。出于这样的兴趣，我有一个问题要请教你。西奥多·罗斯福、富兰克林·德拉诺·罗斯福、哈里·杜鲁门以及罗纳德·里根有什么共同点？如果你之前了解过，就会知道他们迥乎不同。他们来自不同的政党，他们的人生观不同，领导风格各异。那他们究竟有什么共同点？人们一致认为他们兑现了自己的承诺。

你对一个人最高的赞赏是什么？我相信会是："我可以信赖你。"这也是我为什么会把责任法则添加到《团队领导力17法则》（*The 17 Indisputable Laws of Teamwork*）一书中。在重要的时刻，队友们必须能够互相依赖。这需要我们成为可靠的，对他人负责的人。

> **当你做出承诺时，你创造了希望；当你兑现承诺时，你创造了信任。**

总体来说，在我们不擅长的领域，最需要的往往是对自己的行为负责。因为在我们擅长的领域，我们能应付自如。我们喜欢在自己擅长的领域工作，最喜欢将自己的才能发挥到淋漓尽致。

其他人也会对我们抱有这样的期待。但同时，我们也应该接受他人对我们的短处的质疑，接受他们的挑战以此磨砺我们的不足。否则，我们很有可能脱离正确的轨道。

身体力行来领导他人

作家兼演讲家吉姆·罗恩（Jim Rohn）认为："你无法描述你不知道的事情；你无法分享你不曾经历过的感受；你无法理解你不曾有过的体验；你也无法给予不曾拥有的东西。要想给予什么、分享什么，让什么发挥作用，你首先要去拥有什么。"也就是说你必须真实地实践过。在领导关系中，以行立言的重要性不言而喻。历史上不乏领导者身先士卒，以此影响他人，他们都会说出一句关键的话："跟随我！"小弗雷德·A.曼斯克（Fred A.Manske Jr.）在《有效领导的秘诀》（*Secrets of Effective Leadership*）一书中指出：

·在每次重大战役前夜慰问军队，已经成为罗伯特·E.李（Robert E. Lee）将军的惯例，但他这样做是以牺牲自己的睡眠时间为代价的。

·人们常常看到乔治·S·帕顿（George. S Patton）将军乘坐着装甲部队的领头坦克来鼓舞士气。

·在滑铁卢战役中打败拿破仑的威灵顿公爵认为，战场上的拿破仑抵得上4万名士兵。

那些践行自己言论的人、以身作则领导他人的人、语言诚实行动磊落的人与那些不具备这样的品质的人是不同的。有的人会将人生格言当作一个经验，而联结者会将人生格言当作生活理念贯彻下去。对于一些交流者而言，内容是最重要的；而对于联结者而言，信誉才是最重要的。

当教师琳赛·福西特谈起她在明尼阿波利斯市学院的第一份工作时说道："我听说第一份工作如果是老师，那么以后的职业生涯都会受到影响。有时候这份工作的负荷实在过于沉重，你会因此一蹶不振（就像我那位不再当老师的朋友）；有时候教务人员却会鼓励你继续开发自己的潜力，我所经历的是后者。我的校长和语言课程调度员鼓励我坚持下去，尝试新的事物，他们相信我的判断。我感到了深深的爱意，对他们十分感激，所以以我想做的只是去证明他们是对的。他们知道如何与员工建立联结，这让我觉得和他们一起工作就仿佛是和家人们待在一起。"可靠的领导力会对组织中的员工产生巨大的影响。

如果你不愿意身体力行，不愿意在生活中亲身实践某些信念，那么你可能就不该传递这样的信念。这并不是说你必须成为完美的人，这仅仅意味着你应该以身作则，自己先努力成为你希望别人成为的那种人。否则，你就是一个没有信誉的人，你的领导是有问题的。亚当·琼斯（Adam Jones）是一名博主同时也是学生会长，他说："缺乏诚信的领导，在你迈出第一步前就注定了失败。"

讲真话

一位女士陪她生病的丈夫去看医生。医生在给这位男士做完检查之后，让他去等候室等着。医生想要和这位女士简单谈一谈。

"你丈夫的情况很严重，"医生告诉女士说，"如果你不按照我说的做，你丈夫一定会死掉。"

· 每天早上为他准备一顿健康的早餐，带着好心情送他去上班。

·当他回家时，让他把脚放高好好休息，一定不要让他做家务活，不要给他增添烦恼。

·每天晚上为他准备一顿暖和有营养的晚餐。

·一周和他亲密几次，满足他每一次的心血来潮。

回家的路上，妻子沉默地开着车。丈夫终于问道："医生究竟怎么说？"

"不太好，"妻子答道，"他说你就要死了。"

我知道这是一个糟糕的笑话，但我挺喜欢的。为什么？因为这个故事描述了人们与他人交流过程中的普遍情况：他们可能不会对他人保持诚实。而诚实却是信誉的关键所在。记者爱德华·R.默罗（Edward R. Murrow）表示："一个有说服力的人必须是可信的，而一个可信的人必须是有信誉的，而一个有信誉的人一定是坦诚的。"

几年前，在我对一群行政高层进行演讲时，有人问我，"你在招聘的时候遵循什么样的原则？"

"关键是什么？"他们问道。

"我只有一个原则，"我解释道，"我从来不负责招聘。"这句话引起了他们的兴趣。"原因在于我非常不擅长招聘。"

我进一步解释了我之前招聘时的糟糕经历。因为我过于乐观，对人总是高度信任，我太理想主义。面试过程中，不管面试者暴露任何危险信号，我都觉得无关紧要。我总是会想：我能够帮助这个人改善问题，促成他的成功。但这不是一个面试官该有的态度。要想招聘成功，你需要一个具有怀疑精神的人——这种人连自己的妈妈都不会聘用。当我不再负责招聘时，我的整个公司发展到了一个新的层次。

当我告诉房间里面的这些行政高层我不再负责招聘时，我可以看到他们的第一反应是失望。但随着我的进一步解释，我可以察觉到，他们很欣赏我对自己缺点的认识，也敬重我的诚实。如果一个人假装自己是某方面的专家，完全能继续应付，但他完全不知道自己在说什么，只是凭空编造事实——几乎没有什么会比这更糟糕的了。正如博客评论者罗杰（Roger）所说："信誉不是完美，而是愿意承认不完美。"

脆弱

当鲍勃·加伯特（Bob Garbett）在海军陆战队的时候，一位刚刚毕业于军官候选人学校（Officer Candidate School）的新人海军上尉被分配到了他的部队。鲍勃说，这个年轻人很明显因为自己的新工作而焦头烂额，但他处理得相当出色。

鲍勃说："他第一天刚来时，就召集了所有的军士，告诉他们说，他以后就指望着他们教他了。他说：'我信任你们，请不要让我受伤。'我永远都不会忘记他说的这些话，接下来的日子里，每个人都见证了他迅速承担起了自己的责任。"

当你对人诚实时，你就有了弱点，这让许多人都感到不舒服。有些领导者、老师和演讲者认为，那些能与人交流的人应该知道所有的答案。他们担心，如果不是这样的话，会让他们显得漏洞百出。但很明显这是一个不切实际的标准。我们最好保持真诚和脆弱，人们会认同这一点，并因此建立联结。《教授的勇气》（*The Courage to Teach*）一书的作者帕克·帕默（Parker Palmer）说：

我们都知道完美是一副面具，所以我们不会相信戴着万事通面具的人。他对我们并不诚实。同我们有着最

深刻联结的人往往会承认他们的缺点。

最近我在同一群首席执行官谈到领导力时，说到了脆弱的重要性，你要承认自己的错误、承认自己的弱点。当我结束演讲时，一位执行官等到我身边没人时走近我，说道："我认为您完全弄错了对员工敞开心扉的意义。一位领导者永远都不应该显示出自己的脆弱。您永远都不应该让您的员工看出您的焦虑不安。"

"您知道吗，"我回答道，"我觉得您被误解所蒙蔽了。"

"什么误解？"他疑惑道。

"您觉得您的员工还不了解您的弱点，"我答道，"其实他们知道。如果您承认自己的弱点，您的员工就会知道，您意识到了这些弱点。"

我之所以如此自信地回答他，是因为我过去也常常这样想。

工作的前十年，我一直努力去做一位"万事通先生"（Mr. Answerman）。我希望凭一己之力解决一切麻烦、回答一切问题并应对一切危机。我希望成为必不可少的一分子。但除了自欺欺人，我欺骗不了任何人。

艺术家沃尔特·安德森（Walter Anderson）表示：

只有当我们开始冒险的时候，我们的生活才会变得更好，而第一个也是最难的冒险是对他人保持诚实。

当我发现有人知道我所不知道的事情，或是有人能把一件事做得更好时，我会认为自己得到了解救，这时我就可以卸下担子，放下警惕，做我自己了。这样一来，我也会与他人建立联结。但没人喜欢一个骗子或是一个万事通。

遵循黄金准则

有些组织就像是一棵爬满了猴子的树。如果你是站在树的顶端的领导者，当你低头向下看时，全是一张张仰望着你的笑脸。但是，如果你站在组织的底端向上看，那么就不会是一番美丽的景象了。如果你一直待在底端，你就会知道，你会受到所有级别比你更高的人对你的非难。没有人想要受到这样的待遇。

当人们拥有了权力时，你就可以通过观察他们如何使用权力来了解他们。当他们与那些没有权力、地位、优势的人交流时，是怎样的态度？同他们演讲时的态度是一致的吗？同黄金准则是一致的吗？这些问题的答案将在很大程度上反映出他们的性格。

如果你想要与他人建立联结，你需要按照黄金原则来对待他们——你应该用你希望得到的对待来对待他们。

如果你是一位领导者、演讲者或是其他有权威的人，这条准则尤其适用。这件事听起来容易，但做起来却很难。就像人们说的，智慧即是知道走什么样的道路，诚实即是走上这条道路。

吉姆·布兰查德是我很欣赏的一位领导者，他是西诺乌斯金融公司的前首席执行官，于2016年退休。西诺乌斯多次被《福布斯》杂志评选为美国最值得为之工作的公司之一。一次，我由衷地赞美吉姆，并向他请教公司成功的关键，他告诉我："公司只有一个原则——黄金原则。"他进而解释道，在明确通知黄金原则将成为公司的准则的两年里，三分之一的行政高层因为对人的态度失当而遭到解雇。在公司每年的年会上，他常常会把自己的个人联系方式告诉所有人，并告诉他们，如果公司里任何一个人对他们的态度有悖于黄金原则，他们就应该打电话告诉他。所以，我呼吁大家一定要言行一致！

交付成果

现代管理之父彼得·德鲁克认为："演讲总是有各种要求。它总是要求听众成为某个人、做某件事、相信某个理念。它总是呼唤人们的动力。"换言之，演讲者们呼吁听众交付成果。但作为一名值得信赖的演讲者，你自己也必须交付成果！

我对如今市场上存在的演讲者、咨询师、生涯顾问的数量之多而感到震惊。虽然他们中的有些人非常优秀，有些人却毫无信誉可言。

为什么？因为他们自己从未真正完成任何事情。他们会研究成功、领导力、沟通，却从来没有亲身体验过这些，他们没有做过任何生意，没有领导过任何组织机构，也没有研发任何产品或服务。尽管他们售卖的是成功的希望，他们本人却毫无成功的经历。这让我感到困惑。

因为他们毫无成果可言。如果你想通过一种信誉来与他人建立联结，那么请在传达某种信息之前先交付其成果。走出去，去实践你建议其他人做的事情，请根据自己的亲身体验进行演讲。

良好的信誉是纽带

要想取得长远的成功，你需要的不仅仅是建立联结，更需要保持联结。而只有当你身体力行，实践自己传递的信息，你才能维持长久的联结。

当你成功做到这一点时，结果将是令人难以置信的。我在本章开头已经提到，经过越长时间的沉淀，人际关系的陈酿才会越香醇。

我的朋友科林·休厄尔（Colin Sewell）在我的非营利组织EQUIP 的董事会任职，他最近给我讲了一个故事，这个故事说明了言出必行的力量。一直以来，美国汽车产业举步维艰已经是公开的秘密。经济的不景气致使一些汽车生产商濒临淘汰。虽然对汽车产业的激励措施增多了，但由于销量下降，还是有不少汽车经销商不得不关门歇业。

科林是得克萨斯州敖德萨休厄尔家族经销商（Sewell Family of Dealerships in Odessa）的执行总裁，因此他在第一时间就得知了汽车销售经历着怎样的困局。

他的家族自 1911 年开始着手汽车销售的生意，当时他的祖父卡尔·休厄尔（Carl Sewell Sr.）的公司包含五金销售，电影院，以及福特汽车的经销商店。没过多久，经销福特汽车的潜在优势就凸显出来。自此之后的近百年里，休厄尔家族的汽车经销店就开遍了得克萨斯州，店里不仅销售提供福特汽车及其相关业务，同时还销售凯迪拉克（Cadillac）、悍马（Hummer）、英菲尼迪（Infiniti）、吉姆西（GMC）、雷克萨斯（Lexus）、庞蒂克（Pontiac）、萨博（Saab）、别克（Buick）、水星（Mercury）、林肯（Lincoln）以及雪佛兰（Chevrolet）这些品牌的汽车。休厄尔家族取得了相当大的成功。

但当 2009 年来到，时局艰难，汽车企业的经营面临着亏损。科林告诉我，足足九个月的时间里，他千方百计地想要扭转局势，希望能让公司恢复盈利。三月份的时候，他将自己的薪水削减了65%，甚至拿出了自己的积蓄来维系公司的经营，但是似乎一切都是杯水车薪。最终，他不得不做出那个他不希望面对的艰难选择。他是会大量裁员，还是会削减员工的薪水呢？

科林的许多顾问向他分享了传统的智慧经验：不要削减员工

的薪水，因为会引起公愤，也会破坏士气。大量裁员，才能让公司赢利。这样，那些留下来的员工就不会受到负面影响。但科林并不想这么做。他想尽可能地保住更多员工的工作。于是他和他的管理团队制定了一项计划。

公司无可避免地裁掉了20人，员工人数从250名减少到230名。但其他所有人，包括经理、技术人员、销售团队和办公室职员们将不得不面临减薪，减薪幅度从每小时一美元到几千美元不等。当科林向全体员工宣布减薪时，他没有指望事情能够轻描淡写地一带而过。

尽管他向所有人说明了真相，解释了汽车销售的现实是多么艰难，但大家依然十分愤怒悲观。一位女士过去的时薪是9美元，但她现在的时薪被削减了一美元。这位女士会后走到科林身边，科林已经做了最坏的打算，却没有面临预料之中的猛烈的情绪发泄，恰恰相反，这位女士问科林能否同她一起去祈祷。

一位技术人员走到了科林身边，科林还能看见他脸上的愤怒。"请不要侮辱我。"这位技术人员说道。这时科林做好了迎接暴风雨的准备，他以为会听到这位技术人员的满腹牢骚。出人意料的是，技术人员说道："薪水削减的力度还不够。这周末回家我就会和我老婆讲，我会让你知道我的薪水应该是多少。"

最后的结果是，没有一个人因为薪水削减而辞职。士气也没有受到冲击。而公司也开始恢复生机。这怎么可能呢？因为科林言出必行。

"我花了很多年和我的团队建立起在员工们心目中的信誉，来跟他们换'零钱'。"科林的意思是，当领导者做出正确的决定，并在领导的过程中保持诚实时，每次都会累积一笔关系货币。"我每次会从员工那获得一笔五美分或是一美分的零钱，但当天我会为他们花掉一美元。"

如果我们并非言出必行，那就不能指望与他人建立联结。当然这可能会损害某些人的职场关系，但很明显，个人关系中的痛苦是更深刻的。为了让自己坚持承担应该承担的责任，认真对待生活，我采取的一个办法是想想我的行为会对我的家庭造成什么样的后果。这也是我为什么要一直努力记住成功的定义："那些同我最亲近也最了解我的人，总是最爱我最尊重我。"那些知道你日复一日是如何度过并见证你如何保持言行一致的人，会信任你，对你有信心并同你建立联结的。这样，每一天的生活都会成为一趟愉快而伟大的旅程。

联结的真正力量并非来自像对着陌生人微笑、友好对待卖食品的人，或是博得一位只会见一次的听众的赞美这样泛泛的交流互动。真正的力量来自维持长期的联结关系。在一段不断发展的关系中，我们能够对其实际价值产生影响。比如，始终诚实地面对自己的配偶、儿女和孙辈；用我们的顾客、客户、同事们希望的方式来对待他们；让邻居们知道我们言行一致；以诚实和尊重来领导他人。这些事情有利于我们建立信誉，让我们建立联结，并为我们提供了帮助他人以及为他人增加价值的机会。正如训练顾问格雷格·谢弗（Greg Schaffer）所说："不与他人建立联结的人，绝无可能影响他人。"

亨利·亚当（Henry Adam）说："一位教师所产生的影响，久到连他也无法确定其终结时间。"我认为这句话也可以用来形容一位诚实的联结者。如果我们言出必行，那么我们能够完成的事情将是无法预料的。

从各个层面与他人建立联结

联结实践：联结者言出必行。

关键概念：同他人保持联结的唯一方法是言出必行。

一对一联结

超过 99% 的联结关系都是属于一对一层面的。一对一层面的联结往往是指你同那些最亲近的人之间的联结关系，比如家人、朋友和工作伙伴。你们很少对这些人设防，同时很有可能对他们做出承诺，他们往往最了解你的性格。

你的性格会让你说的话更可信，还是会变得不太可信？你的性格会帮助你坚持到最后，并且信守自己的诺言，还是会对你起反作用？你的哪些方面有待提高？

在团体中建立联结

当我们在一个群体或是一个团体中进行交流时，人们会视我们为例子，观察我们的表现以及团队合作的情况。你是否在践行你要求别人做的事？你过去的经历能否支撑你所说的话？人们能否效仿你甘于以团队为先的行为？如果答案是"否"的话，你就应该做出一些改变来提高自己的信誉。

与听众联结

在对听众进行演讲时，演讲者最容易走角色捷径，因为听众们并不了解演讲者私底下的样子。演讲者可以单单展示自己最好的一面，并将自己的缺点最小化或是极力掩盖。但这样做会让你的演讲变得不真实。人们不会同一个弄虚作假的演讲者建立联结。相反，你应该向听众展示你的弱点，让他们知道你真实的样子。

有效联结的艺术

作者：查理·韦策尔

人们会一直问我这样一个问题："真实的约翰究竟是什么样子的？"我很高兴地告诉你们，根据我私底下对他持续了十五年的观察，约翰·C.马克斯维尔的确是一个表里如一，言行一致的人。我曾目睹他在数百次不同情境中的样子——无论是在有数千听众的舞台上讲话，在教堂里布道，教授十多人关于领导力的课程，还是参加会议，谈判交易，与家人共度时光，旅行，抑或只是消遣娱乐——他的这些样子我全部看过。并且我可以告诉你，他真的言出必行，他践行了他教授给你们的内容。他总是在建立联结。

我得跟你们说实话。当我第一次见到约翰在教堂里演讲的时候，我对他是持怀疑态度的。他的布道听起来过于自然。他穿着漂亮的西装，仪容整洁，轻松微笑着登上讲台。他带着一种随和的自信——仿佛正在同认识多年的好友交谈。现在想起来，我觉得应该正是如此。

这并非我熟悉的体验。从小我就会去教堂，教堂里大约 35 人参加礼拜仪式；而约翰布道的礼堂里有一千人参加仪式。我习惯了八个人的合唱团和着一架演奏效果很差的风琴的伴奏；而约翰的教堂里演奏着专业品质的音乐。在我的童年时期，教堂里是一位内向又不苟言笑的新人牧师，他曾经是一名工程师；而约翰是一位有着 25 年演讲经历，熟练掌握各种演讲技能的演讲者。

必须说，我需要调整自己的期望值。幸运的是，我只用了几个星期就认识到了约翰的真诚，他不是个骗子。我很快意识到他每周教授的内容对我有所裨益，并且真的让我的生活发生了改变。

我得承认，我现在对约翰的看法完全不偏不倚。我的确对他有着太多感激。但我认为我的观察是真实准确的。除了他的家人之外，并没有多少比我更了解他的人。而作家与生俱来的观察力让我相信自己能够判定，是什么让他在听众面前、在一对一交流过程中，甚至是在写作过程中做出演讲者的表现。以下是我的理由。

与现场的听众建立联结

在我和约翰合作的前五年，我还是一名在学习交流的学生。我花了很多时间来研究他对听众的交流风格。在成为一名作家之前，我曾是一名老师，并且自诩是一名优秀的老师，因为我擅长结合实际，让深奥复杂的内容迅速变得浅显易懂。但我并不像约翰那样擅长吸引听众的注意力，我花了几周时间与一个班的学生们交谈，才慢慢开始同他们建立起联结。我观察着约翰，因为我想要从他身上学到经验。同时我也接触了其他一些优秀的演讲者，并同样从他们身上学到了经验。我发现，约翰像其他我十分欣赏的演讲者一样，展现出了五种品质：

满怀自信。到目前为止，我还没有发现有任何一名优秀的演讲者是不自信的。正如我前面提到的，起初我因为约翰演讲的环境而觉得他的自信令人有些厌恶。但这真的只是因为我个人的偏见。真相是，听众很难同一名不够坚定的演讲者建立联结，也很难认真聆听他的演讲。

演讲者的自我怀疑会让听众也产生怀疑，导致他们分心。因为演讲者自身的不自信，使得听众对演讲者的可靠性产生怀疑，听众也就不可能静下心来，轻松地聆听演讲内容了，他们会有意无意地不断问自己："这些是真的吗？"一位演讲者如果没有坚定信念，是无法让我们信服的。

如果你希望成为一名优秀的演讲者并与听众建立联结，你需要完成必要的工作来获得自信。这可能是你处理过去的个人问题那样艰难的工作，也可能是在演讲时穿对服装那样简单的工作，或者可能是通过多次演讲来获得经历那样平凡的工作。无论你需要做些什么，请务必全心投入。

伟大的演讲者总是满怀自信。

——查理·韦策尔

呈现出真实。我之所以在听到他演讲的几周里开始信任他，是因为他的真实。他在做自己。约翰和其他人一样，有着自己的缺点和优点，但他愿意承认自己的缺点和优点。

随着我渐渐地了解了约翰的秉性，我可以告诉你，他从来都不信报纸上关于自己的报道。他很高兴能听到人们跟他说，他帮助到了他们，但这样的高兴是出于实现自己目标的满足感和一种感激之情。我曾经看过歌手乔治·迈克尔（George Michael）在克里斯·库莫（Chris Cuomo）的《早安美国》（*Good Morning America*）

节目中关于名气的采访。迈克尔说："要知道，我从来都不信这种东西，实在是太危险了。"这同样也是约翰的态度。研究演讲者的一大危险在于落入努力模仿他们的陷阱。这是大错特错的。

早期，我希望自己的演讲能像约翰那样，但我的模仿吓到了自己，我对自己失去了信心。我演讲了好几年才重新找回自己的声音和节奏。我不是约翰，我并不耀眼。无论是会议室还是体育场，他都能释放出自己的个性。但我不同，我的目标是用自己的声音真实地演讲。

要想与人建立联结，尽最大努力做你自己。

——查理·韦策尔

准备充分。我从来没见过约翰毫无准备地站在听众面前。在谈到了解主办方和听众需要什么的时候，他已经告诉了你们一些他在演讲前会做的准备，所以我会告诉你他所做的另外一些准备。

约翰会一丝不苟地列出演讲大纲。因为他的经验和个性，演讲完全是信手拈来，但他从来不打无准备之仗。他总是磨砺以须，记下每一个要点。他会在大纲中列出所有引语和故事。由于涉猎广泛，约翰能不断引用各种引语和小故事，无论演讲主题是什么，他总能准备好一系列材料插入其中。（你也可以说他是一直在准备，因为他一直在学习和探索。）他会用四色的比克笔写大纲，接着把引语粘贴到大纲之中，在星号前写一两个关于个人小故事的关键字来提示自己。

而且，即使人们不指望他做好准备，他也会未雨绸缪。每次他出去旅行的时候，他都带着十几张层压卡片，每张卡片上都写着即兴演讲的大纲。

善用幽默。无论是台上台下，约翰都是个风趣的人。他喜欢开玩笑，思维敏捷，足智多谋，总能轻松地自嘲。他寻找演讲素材的一大要素正是幽默。

有时我会被约翰老掉牙的笑话吓到。他可以站在舞台上讲一些任何人都无法抗拒的笑话和故事。你知道他是怎么做到的吗？因为他打从心底里觉得这些内容很好笑。而且相信我，没人比约翰更希望过得愉快了。

不懂得幽默的演讲者是极为罕见的。我敢说肯定还是有些不懂幽默的演讲者，但我这会儿想不起来名字了。幽默的关键在于坚持发现有趣的事物，但不要刻意为之。

关注他人。约翰已经写了整整一章要如何与他人建立联结，而不是专注于我们自己。如果你听过他的演讲，想必你会知道，当他踏上将要进行演讲的土地，他就开始考虑那些他将要面对的听众了。如果可以的话，他会事先见一见听众们，问候一下他们。开始演讲时，他首先会赞美主办方，或是谈一谈某位他认识的或是刚刚见过的听众。演讲结束后，他会四处转一转，和大家打声招呼，握一握手，或是为他们在书上签名。

当我在为本章内容做准备的时候，我联结上了一些人，希望听听他们对于约翰和他们建立联结的看法。其中一位是马蒂·格伦德（Marty Grunder）。

他回忆了与约翰有关的经历，解释了约翰是如何同他建立起联结的。马蒂说："五年前，约翰仅仅听说过我的名字，因为我给他寄了一本我的书（顺便提一下，他因此专门为我写了一张漂亮的手写感谢便条）。当他准备在俄亥俄州的代顿演讲时，他请助理琳达·埃格斯给我打了一个电话，邀请我前来参加他的演讲。演讲期间，他对着听众叫起我的名字，在我的家乡群众面前认出了我。当时在场的几千人中，有几位是我认识的，因此不用说，他们对于我认识约翰这件事十分惊愕。吃午餐的时候，他还特意安排我坐在他的旁边。他和我谈话的时候，直视我的双眼，仿佛房间里只有我。你可以想象一下我是什么感受！"

这种设身处地为他人着想的思维是约翰的人生标志。他拥有一种不可思议的能力，能为他人创造出特别的时刻，表示出对他人的尊重。他这样做并不是临时起意。我曾看到他提前一年制定特别的计划。他会花几个月的时间来为他人营造特别的时刻。我曾看见他对比尔·布莱特（Bill Bright）、比利·格雷厄姆（Billy Graham）、埃尔默·汤斯、奥瓦尔·布彻（Orval Butcher）、他的父亲，及其他许多人表达尊敬之情。他能准确地把握时机，对特别时刻有着令人难以置信的感知力。

我也曾是这样的特殊时刻的受惠者。约翰过去每个月都会对他的员工进行一个小时的领导力培训，这项培训课程会被记录下来，发送给订阅了课程的一万多名用户。我永远不会忘记约翰教授"寻找雄鹰"课程的那天，课上他解释了如何寻找潜在的领导者。那时我只为他工作了几个月。在课程快结束时，他说："我想给你们大家介绍一位刚刚开始同我一起工作的雄鹰。"

继而，他说了很多夸奖我的话，讲述了一件我主动为他做的事情。

这可能听起来不算什么，但这是我第一次因为工作被当众表扬。我的妻子当时也在那个房间里！约翰公司的总裁和全体员工也都在场。并且全国各地成千上万的人也会听到约翰对我的赞扬。我哭了。即使这件事已经过去了十多年，但直到今天，每当我想起这件事，眼里依然会泛起泪光。这完全是出乎我意料的。他本没有必要说出来，他完全可以在心里表示对我的认同。自此以后，我感受到了同约翰的联结。他是真的关心他人，并且不遗余力地表现对他人的关心。

一对一联结

这些年我见过不少演讲者和名人。他们站在舞台上，总能轻松地变得魅力四射，诙谐风趣，充满吸引力，但是一旦他们走下舞台，他们就很难再与他人联结起来。但约翰不同。

在我看来，比起同一大群听众建立联结，约翰其实更擅长建立一对一联结。他真的能理解他人，也是发自真心地想要帮助他们。更重要的是，我认为他在舞台上展现的实力来源于他的这些品质。

这完全是关于联结的。我想要与他人建立联结，我想要人们感受到，"是的。我就是这样的感觉。"如果我能做到，那就是一项成就。

——歌手兼作曲家卡罗尔·金（Carole King）

无论是在讲台上、在团体中，还是一对一，约翰都做到了这一点。

我很难决定应该同你们分享我在与约翰私下交往过程中的哪些故事。我可以讲一讲，当我第一次和他一起出差时，他将我的座位升级到了头等舱。当我们谈话的时候，他为我夹好了一个百吉饼——这些都算不上什么大事，但是对于一名新员工来说，公司CEO这样的行为实在意义非凡。或许我也可以告诉你，有一次他想送我去参加一个作家会议，但是如果参加会议，我就会错过和妻子的第一个婚礼纪念日。约翰的解决办法是主动为我和我的妻子支付费用，让我们一起去参加会议。又或许我可以告诉你，他是在我母亲去世时，第一个给我打电话，并前来探望我的人。

约翰身边的每个人都能说出类似这样的故事。我只能说，他总是让我觉得自己是他的一位朋友，而不是员工。如果你熟悉他的《与人共赢的25种方法》一书，我很确信他其实一直都在践行这25种方法。这本书是一本与他人建立一对一联结的课本，约翰每天的生活都在践行这些方法。

不过那些故事对你的用处不大，所以我想告诉你一件约翰在促使自己同他人建立联结时常常用到的方法，你能轻易学会。我称之为有意的包容。他让人们感到自己是受欢迎和被需要的，他会邀请人们体验一些他们不曾有过的经历。约翰在出席会议的时候，不仅会邀请必要的会议人员，还会邀请某位可能从这次会议中有所收获、有所成长的人参加。他总是会买足够多的球队季票和演出门票，这样他就可以带上其他人。他会介绍他人互相认识，这样他们之间就能建立起联结。比如，安缇安蝴蝶饼（Auntie Anne's Pretzels）的创始人安妮·贝勒（Anne Beiler）一直想要见一见福乐鸡快餐品牌（Chick-fil-A）的创始人特鲁特·凯西（Truett Cathy），所以约翰就邀请他们到他家共赴晚宴。

约翰一直不停地在寻找为他人增加价值的方法。他想尽办法为周围的人带来欢乐。

有一次我和约翰一起旅行，我们开着一辆豪华轿车，竟然意外地有警察护送我们到了机场。约翰当时正在享受生活。所以他做了些什么呢？他拿出手机，拨通了他的助手琳达·埃格斯的电话，琳达当时没办法和我们一起旅行。他告诉琳达这件事，这样她就可以和我们一同分享这个时刻。

哪怕你仅仅只是有意和其他人一起分享你生活中最棒的体验和最喜爱的事物，你也会在一夜之间成为一位优秀得多的联结者。

通过文字建立联结

在听了数百位演讲者和作家的演讲之后，我得出了一个结论：演讲界有两种人，擅长写作的演讲者和擅长演讲的作家。至今我还未曾遇到一位两个方面都达到极致水平的人。

你可能会问："那约翰属于哪一种呢？"在我看来，他是一位擅长写作的演讲者。最重要的是，约翰在人前是光芒四射的。他能成功建立联结是因为他确切地知道每个人在想什么，知道如何用恰当的语气说出恰到好处的内容，让听众们放松，让他人开怀大笑，或是给每个人带来心灵的触动。与某些只能让听众们享受片刻愉悦的演讲者不同，约翰有着更棒的想法。事实上，当人们见到我，听说我在为约翰写书的时候，他们通常会说："什么？你的意思是约翰欣赏你的想法吗？"

"不，"我解释道，"约翰才是那个有想法的人。他的生命长度不足以支撑他分享完所有的想法。我不过是整理他的想法，将其润色成文字形式，来吸引人们阅读。"这是一种不同的与听众互动的技巧。

约翰像大部分伟大的演讲者那样，会通过语调的抑扬顿挫、面部表情、时机、肢体语言来传递出极其丰富的内涵。

在舞台上发表一场激动人心的演讲对他而言是轻而易举的事，与此同时，很多演讲者苦于交流时使用过于书面的语言。约翰能够写作，但他首先是一名演讲者。

那么怎样才能在写作层面建立联结呢？我想告诉你们一个我从未听其他作家谈起过的小窍门。当我为约翰著书的时候，我没有照搬他说话的方式和他说的话。其实，我可以根据演讲者的手稿来判断这本书的创作时间，但这些手稿是没用的。为什么？因为这些手稿缺乏优秀演讲者所需的非语言要点。因此我采纳了约翰的想法，并想象如果是约翰亲自写作这些内容，而我是一名读者，我会想要得到怎样的回复。我希望能让读者们体会到亲自见到约翰的感受。换言之，我的任务在于保证约翰的想法也可以像他本人一样建立联结。

●● 后 记

　　人们常常问我，我是怎样学到领导能力和沟通能力的？我以谁为榜样？我是在哪个阶段发现了领导和沟通的准则的？这些年来我是如何提高这两项能力的？的确，通过观察优秀的领导者和交流者，我学到了不少。我阅读了许多优秀的书籍，采访了一些比我优秀的领导者，通过实验和试错学到了许多。我认为其中一位领导者的故事将会激励你。

学习成为一名伟大的联结者

　　人类社会最伟大的领导者之一是摩西。他领导着一整个国家的人民，引导他们带着所拥有的一切从一片土地迁到另一片土地安居。他将法律守则呈现在人们的面前。他将接力棒传给了下一位能让他们在新家安定下来的领导者。

　　但摩西并非生来就是伟大的领导者。事实上你会发现，他在生活的方方面面经历了成长之后才最终获得成功。

他不擅长与人打交道

　　我们认为优秀的领导者和交流者总是自然而然地擅长与人交往。但摩西却并非如此。实际情况是，由于摩西非常不善于与人打交道，根据第一条的记录，当他准备去影响另一个人时（这个人是个埃及人），最终却杀掉了这个人。摩西只得背井离乡逃离自己的国家。

他并非一位优秀的交流者

当摩西在燃烧的灌木丛受到上帝的召唤时，他是不情愿的。他对自己同他人交流的能力毫无信心。摩西回答道："我是什么人，竟能去见法老，将以色列人带出埃及？"接着他又补充道："主啊，我从来都没有雄辩的口才，就算是现在你同你的仆人讲了这话之后，我依然是这么笨嘴拙舌……主啊，请派其他人去做这件事吧。"为了说服摩西接受这项任务，上帝同意派摩西的哥哥亚伦同他一起。

他不是优秀的领导者

当摩西成功率领以色列人的孩子出了埃及之后，他也没有特别出色地引导他们到达更远的地方。这群人不断尝试向着错误的方向行进，而摩西则尝试事事靠自己决断——错误领导的示范。摩西的岳父叶忒罗花了一段时间才发现摩西的错误，他指导摩西委任其他的领导者来分担他的负担。

为什么摩西这个例子如此重要？因为它展现了与他人建立联结的能力、有效沟通的能力，以及增强你影响力的能力都是可以通过学习来增强的。洛林·伍尔夫在《领导力圣经》一书中写道："关于有效沟通的技巧魅力的本质究竟是'天赋'还是'后天习得'的，这有着广泛的讨论。"

洛林认为沟通技巧是可以后天习得的。他写道，上帝建议摩西和他的哥哥亚伦组成一支队伍，而亚伦比摩西擅长沟通。但最终是摩西而不是亚伦同长老进行沟通，带领以色列人走出了埃及。尽管摩西缺乏沟通的能力，但他却对以色列人有着信念、勇气和恻隐之心。无论是对于他的拥护者还是他的敌人，摩西都展现出了这三种特质。

摩西不仅运用了他所拥有的能力，还将其发挥到了极致。摩西完成了上帝交代他的任务，影响力也随之增加，并利用不断增强的影响力救人无数。同时他也与他们建立了联结。当摩西去世时，整个国家都为之悲泣。人们为他哀悼了整整 30 天。

一切从今天开始

你能够运用你所拥有的才能做些什么？如果你学会了与人建立联结，无论你拥有什么能力，都可以将其优化利用。你可以学习从方方面面来增强自己的影响力，因为联结是天赋更是技巧。你可以通过学习来建立联结。所以请现在就开始迈出步伐吧。接受联结的原则，开始运用联结实践，在你生活的角落做点积极有意义的事情吧。